DISTANZ

BG
BERLINISCHE
GALERIE
MUSEUM FÜR
MODERNE KUNST

carsten nicolai tele

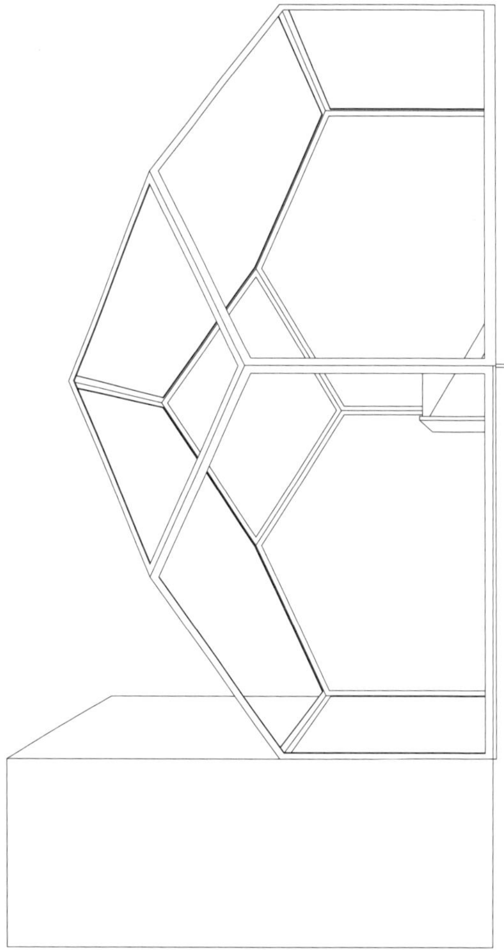

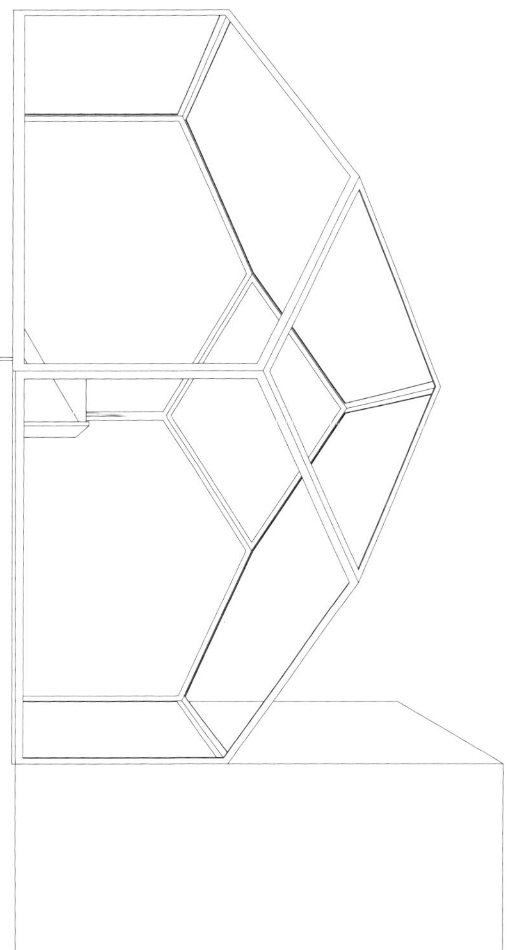

Vorwort

Thomas Köhler

„Die Frage nach Kunst und Technologie entsteht nicht aus dem Zweifel, ob Kunst in den heutigen Technologien noch möglich sei. Sie zielt vielmehr auf den Sinn, den bildende Kunst in der technologischen Koexistenz (manche sprechen von Konvergenz) für sich reklamieren kann. Kunst und Technologie waren bis zur Romantik Rivalen auf dem Feld von Fortschritt und Entdeckung."

—Hans Belting, *Szenarien der Moderne*[1]

Die Ausstellungsprojekte und ortsspezifischen Installationen in der ersten Ausstellungshalle der Berlinischen Galerie existieren seit dem Jahr 2011. Stets sind die Künstler*innen den Herausforderungen des Raumes beherzt begegnet und haben eine spezielle Dramaturgie entwickelt. Die architektonischen Rahmenbedingungen wurden dabei ebenso kritisch hinterfragt wie die Regularien, die der Museumsbetrieb den ausstellenden Künstler*innen auferlegt.

Carsten Nicolai, geboren 1965 in Karl-Marx-Stadt, arbeitet seit 1999 in Berlin. Angefangen bei der documenta X, bei welcher ich sein Werk kennenlernte, waren seine Arbeiten seither in einer Vielzahl von Gruppen- und Einzelausstellungen zu sehen. Mit seinen die Disziplinen vereinenden Installationen gehörte er schon lange zu den Wunschkandidat*innen für eine Ausstellung in der Berlinischen Galerie.

Carsten Nicolais Arbeiten, seine Bilder, Objekte, Videos, Installationen, Kompositionen, Konzerte und Architekturen stehen für ein sich immer wieder neu definierendes, modellhaftes Regelwerk eines sich vielfältig orientierenden Künstlers. Es handelt sich um multisensorische Kunstwerke, die ein spezifisches Phänomen künstlerisch erforschen und den Betrachter durch die Verbindung von Kunst und Naturwissenschaft in den Bann schlagen. Nicolais komplexe Inszenierungen von Licht, Sound, Zeit und Raum sind jedoch keine Erklärungsmodelle. Bei der Betrachtung der Werke entsteht die von Belting postulierte

Konvergenz von Technologie und Kunst, die uns in unserer multisensorischen Perzeption der Welt idealerweise neue Sphären erschließen kann.

In der mit *tele* betitelten Installation in der Berlinischen Galerie konzentriert sich Nicolai auf die sogenannte „Quantenverschränkung", einen Teilaspekt der Quantenphysik. Der Quantentheorie folgend, besitzen Teilchen keinen eindeutig zu definierenden physikalischen „Zustand". Erst wenn eine Messung stattfindet, nehmen sie einen Zustand ein. Wenn zwei Teilchen miteinander in Wechselwirkung treten, so tun sie dies – der Theorie entsprechend – aufeinander bezogen, korreliert.

Nicolai gelingt es, durch eine minimalistische Ästhetik Installationen von hoher skulpturaler Eleganz zu schaffen, die die Betrachter*innen auf unterschiedlichen Ebenen ansprechen. Die hochkomplexen Prozesse und Naturphänomene, die er in seinen Arbeiten behandelt, setzen dennoch keine spezifischen Fachkenntnisse voraus. Die skulpturalen Elemente der Installationen sind autonom. Gleichzeitig reflektiert er mit seinen Installationen den White Cube und transformiert diesen in einen performativen Raum, in welchem die Bewegung der Betrachter*innen Raum, Zeit und Architektur zu einer Einheit werden lassen.

Ich danke herzlich Carsten Nicolai, dass er sich auf den anspruchsvollen, um nicht gar zu sagen, schwierigen Ausstellungsraum in der Berlinischen Galerie eingelassen hat. Die räumlichen Bedingungen hat er akzeptiert und eine sehr präzise Arbeit für den Ort entwickelt. Überdies ist die Publikation, so wie dies auch bisher in seinem Werk angelegt ist, integraler Bestandteil der Gesamtkonzeption. Carsten Nicolai hat daher auch zusammen mit dem Grafiker Nuno da Luz die Gestaltung der Publikation vorgenommen, die hiermit als Künstlerbuch vorliegt.

Die Assistenten Carsten Nicolais Thomas Mayer und Nibo sowie Rob Feigel und Michael Sollinger von LaserAnimation Sollinger GmbH haben uns die Zusammenarbeit leicht gemacht. Kooperativ, engagiert und schnell haben sie unsere Fragen beantwortet und die Wünsche des Museums berücksichtigt.

Judy Lybke und allen Mitarbeiter*innen von Carsten Nicolais Galerie EIGEN + ART sei hier Dank gezollt und ein Kompliment für ihre Effizienz ausgesprochen. Wir haben durch sie große Unterstützung erfahren.

Anne Schwanz, langjährige Mitarbeiterin der Galerie, hat die ersten Gespräche begleitet und war uns immer eine wertvolle und gewissenhafte Ansprechpartnerin bei der Anbahnung des Projekts. Dafür danken wir ihr herzlich.

Siegfried Zielinski hat sich auf die Spuren der Telepathie begeben und eine medienarchäologische Erkundung vorgenommen, die sich der Genealogie der

Telematik wie auch Nicolais künstlerischem Kommunikationsmodus widmet. Ihm danke ich herzlich für seinen inspirierenden Katalogbeitrag.

Anne Bitterwolf hat als kuratorische Referentin das Projekt maßgeblich vorangetrieben, inhaltlich begleitet und einen klugen Text für den Katalog geschrieben. Ihr danke ich für ihre Besonnenheit, Sorgfalt und inhaltliche Auseinandersetzung mit dem Werk des Künstlers.

Wolfgang Heigl und seine Kollegen aus der Technikabteilung haben die technische Koordination der Ausstellungseinrichtung mit größter Umsicht betrieben.

Für die Kommunikation der Ausstellung war Ulrike Andres mit ihrem Team verantwortlich. Sie hat es geschafft, die bisweilen äußerst komplizierten Inhalte der Installation klar und nachvollziehbar an die Medien weiterzugeben. Hierfür danke ich ihr ganz außerordentlich.

Die Berlinische Galerie verfügt über keinen eigenen Ausstellungsetat. Die Finanzierung unserer Ausstellungsideen ist daher nur mit extra akquirierten Geldern möglich. Dem Hauptstadtkulturfonds und den Mitwirkenden in der Jury sei für ihr Votum herzlich gedankt. Ohne die Mittel aus dem Fonds wäre die Umsetzung des Projektes nicht möglich gewesen.

anmerkung

1 Hans Belting, *Szenarien der Moderne. Kunst und ihre offenen Grenzen*, Hamburg 2005, S. 285.

Foreword

Thomas Köhler

"The question of art and technology does not arise from the doubt as to whether art is still possible in today's technologies. Rather, it is much more oriented towards the sense that visual art can claim technological coexistence (some speak of convergence) for itself. Until Romanticism, art and technology were rivals in the field of progress and discovery."

—Hans Belting, *Szenarien der Moderne*[1]

The exhibition projects and site-specific installations in the first exhibition hall of the Berlinische Galerie have existed since 2011. The artists have always courageously faced the challenges of the space and developed a distinct dramaturgy. The exhibiting artists have critically examined the conditions of the architectural framework, as well as the regulations imposed by the museum.

Carsten Nicolai, born in 1965 in Karl-Marx-Stadt, has been working in Berlin since 1999. Starting with documenta X, during which I became acquainted with his practice, his works have since been shown in a multitude of group and solo exhibitions. With his discipline-unifying installations, he has long been an ideal candidate for an exhibition at the Berlinische Galerie.

Carsten Nicolai's works, his images, objects, videos, installations, compositions, concerts, and architectures represent a continuously redefined, model-like set of rules from an artist oriented towards the multifaceted. They are multisensory works of art that artistically explore a specific phenomenon and enthrall viewers through their combinations of art and science. However, Nicolai's elaborate stagings of light, sound, time, and space are not explanatory models. Looking at the works, Belting's postulated convergence of technology and art emerges, which can ideally open up new spheres in our multisensory perception of the world.

In the Berlinische Galerie installation titled *tele*, Nicolai concentrates on a particular aspect of quantum physics, the so-called "quantum entanglement." According to quantum theory, particles do not have a clearly definable physical "state." It is only when a measurement takes place that they assume a state. When two particles interact with each other, they do so – according to theory – correlated in relation to each other.

Nicolai succeeds in creating installations of high sculptural elegance through minimalist aesthetics that appeal to viewers on different levels. However, the highly complex processes and natural phenomena that he deals with in his work do not require any specific expertise. The sculptural elements of the installations are autonomous. At the same time, he reflects the white cube with his installations, transforming it into a performative space, in which the movement of the viewers unifies space, time, and architecture.

I would like to thank Carsten Nicolai most sincerely for his commitment to the challenging, if not to say difficult, exhibition space in the Berlinische Galerie. He accepted the spatial conditions and developed a precise work for the location. Moreover, the publication is an integral part of the overall concept, just as it has always been in his practice. Therefore, Carsten Nicolai and graphic designer Nuno da Luz have also designed the publication, which is now available as an artist's book.

Carsten Nicolai's assistants, Thomas Mayer and Nibo, as well as Rob Feigel and Michael Sollinger from LaserAnimation Sollinger GmbH, made the cooperation easy for us. They answered our questions cooperatively, enthusiastically, and quickly, always taking the wishes of the museum into account.

Thanks to Judy Lybke and all the staff of Carsten Nicolai's gallery, Galerie EIGEN + ART and compliments for their efficiency. We have received a great deal of support from them.

Anne Schwanz, a long-time employee of the gallery, accompanied the first talks and has always been a valuable and conscientious point of contact for the initiation of the project. We thank her warmly for this.

Siegfried Zielinski has followed in the footsteps of telepathy and undertaken a media-archaeological exploration devoted to the genealogy of telematics as well as Nicolai's artistic mode of communication. I would like to sincerely thank him for his inspiring contribution to the catalog.

As curatorial assistant, Anne Bitterwolf was instrumental in driving the project forward, accompanying it with content as well as writing a clever text for the catalog.

I would like to thank her for her level-headedness, diligence, and careful examination of the artist's work.

Wolfgang Heigl and his colleagues in the technical department have taken great care in the technical coordination of the organization of the exhibition.

Ulrike Andres and her team were responsible for the exhibition communication. She managed to relay the sometimes extremely complicated subject matter of the installation to the media in a clear and comprehensive way. I would like to offer my exceptional thanks for this.

The Berlinische Galerie does not have its own exhibition budget. The financing of our exhibition ideas are therefore only possible with specially acquired funds. We would like to offer our heartfelt thanks to the Hauptstadtkulturfonds and the members of the jury for their vote. Without the resources from the fund, the implementation of this project would not have been possible.

note

1 Hans Belting, *Szenarien der Moderne. Kunst und ihre offenen Grenzen*, Hamburg 2005, p. 285.

Spukhafte Fernwirkung
Eine Annäherung an Carsten Nicolais künstlerische Praxis

Anne Bitterwolf

Als „spukhafte Fernwirkung" bezeichnete Einstein etwas skeptisch das Phänomen, dass sich zwei räumlich voneinander getrennte Quantensysteme in einem gemeinsamen Zustand befinden: Zwei Teilchen sind so miteinander verbunden, dass sich Veränderungen an einem der beiden unmittelbar, ohne zeitliche Verzögerung auf den Zustand des anderen auswirken – als gäbe es eine telepathische Verbindung zwischen den beiden.[1]

Carsten Nicolais Installation verweist durch ihren Titel *tele* auf diese Besonderheit der Quantenverschränkung. Zwischen zwei großformatigen Spiegeln in Form eines geteilten archimedischen Körpers werden zwei Laserstrahlen hin- und hergeschickt, die auf Fotozellen treffen, deren Impulse wiederum die Laserstrahlen neu auslösen. Nicolai führt hier sein langjähriges Interesse an selbstreproduzierenden Systemen weiter, die, einmal entworfen und in Gang gesetzt, ohne weiteres Zutun des Künstlers funktionieren.[2] Trotz der Immaterialität des Lichts dominieren und definieren die Laserstrahlen den Ausstellungsraum. Die elektromagnetischen Wellen breiten sich mit Lichtgeschwindigkeit aus, werden vom menschlichen Auge daher als beständiger, gerader Strahl wahrgenommen und erhalten so eine skulpturale Qualität. Durch die Spiegel entsteht der Eindruck einer unendlichen Fortsetzbarkeit der Strahlen, als entstünde hier ein eigenes, alternatives Universum – ein autonomes, vom Künstler geschaffenes System. Die Laserstrahlen sind von verschiedenen Standpunkten aus unterschiedlich gut wahrzunehmen, zudem lassen wechselnde Perspektiven auf die plastisch geformten Spiegel mannigfaltige Bilder entstehen, sodass die Arbeit als exemplarische Verbildlichung von Heinz von Foersters Postulat „es sind die durch Bewegung hervorgebrachten *Veränderungen* des Wahrgenommenen, die wir wahrnehmen"[3] verstanden werden kann. *tele* führt dazu, dass wir uns mit unserer Perzeption beschäftigen und diese selbst wahrnehmen: „Man muß zuerst Wahrnehmen wahrnehmen, um überhaupt von Wahrnehmung zu sprechen."[4]

Carsten Nicolai beschäftigt sich in seinen Arbeiten häufig mit Sinneseindrücken und deren (medialer) Übersetzung, mit Sender und Empfänger, Ordnungssystemen und deren Bruchstellen. Er untersucht immaterielle Phänomene, die zu den grundlegenden Fragen nach dem Bewusstsein des Menschen führen – etwa danach, zu welchem Teil das Wahrgenommene außerhalb dieser Wahrnehmung faktisch existiert und zu welchem Teil es auf neuronaler Ebene durch unser Gehirn konstruiert wird. Thematisch nah an Fragestellungen, die heute typischerweise den Neuro- oder Naturwissenschaften mit ihren Untersuchungen von Mikro- und Makrosystemen zugerechnet werden, schafft er Objekte und Installationen, die von einer Verdichtung und Reduktion geprägt sind.

Historisch häuften sich ab der Mitte des 19. Jahrhunderts, als sich die Lebenswissenschaften neu organisierten, Fragen nach den Bedingungen von Wahrnehmung sowie dem Verhältnis von Wahrnehmung und Denken.[5] Auch die künstlerische Avantgarde des frühen 20. Jahrhunderts um Malewitsch, Klee oder Moholy-Nagy beschäftigte sich mit der künstlerischen Erkenntnisfähigkeit und der Entwicklung eines eigenständig künstlerischen Wissens jenseits eines als obsolet empfundenen Imitationsverfahrens. Für diese Künstler stellte die Entwicklung künstlerischen Wissens „keine Reaktion auf wissenschaftliche Entdeckungen dar [...], vielmehr wurde mit transdisziplinären Forschungen und einem methodischen Instrumentarium wie der Abstraktion ein Fundament erarbeitet für das Wissen der Kunst als einem kulturellen und wissenschaftlichen Wissen."[6]

Wurde noch Ende der 1950er-Jahre von Charles Percy Snow, in cartesianischer Tradition stehend, eine Trennung zwischen den beiden scheinbar unvereinbaren Kulturen Kunst und Wissenschaft proklamiert,[7] ist seit den 1980er-Jahren eine vermehrte Annäherung zwischen den Disziplinen zu beobachten. Symptomatisch hierfür ist etwa die Hauptausstellung im italienischen Pavillon der 42. Biennale von Venedig 1986, die unter dem Titel „Kunst und Wissenschaft" firmierte. Zur gleichen Zeit kann auch in den Naturwissenschaften eine verstärkte Tendenz beobachtet werden, komplexe Zusammenhänge und abstrakte Praktiken mittels bildlicher Repräsentationen zu vermitteln.[8] Obwohl im universitären Kontext seit einiger Zeit eine Tendenz zum transdisziplinären Arbeiten beobachtet werden kann und beispielsweise eine Bildwissenschaft etabliert wurde, die sich mit Bildern aus verschiedenen Kontexten (auch jenseits der Kunst) beschäftigt, scheint aktuell zugleich ein Bewusstsein für den genuin eigenen Charakter künstlerischer Wissens- und Erkenntnisproduktion zu bestehen.[9] Auch Nicolai interessiert bei aller augenscheinlichen Nähe zu den Naturwissenschaften primär die Entwicklung eigener Fragestellungen und Versuchsanordnungen, die zwar häufig von einem kontrollierten Aufbau geprägt und damit der Wissenschaft nicht unähnlich sind, zugleich jedoch Raum für ein spekulatives Moment lassen. Ihn beschäftigt das Ephemere, Prozesshafte und weniger das Erlangen eines Ergebnisses.

Schon sein Studium der Landschaftsarchitektur in Dresden war von einer interdisziplinären Arbeits- und Denkweise geprägt, verband es doch verschiedene spezialisierte Wissensgebiete wie Ökologie, Mathematik, Biologie, Forstwirtschaft, Kommunikationstheorie sowie Stadt- und Landschaftsplanung. Aufgewachsen und künstlerisch sozialisiert in Chemnitz war die kreative Atmosphäre der Stadt, die weder Kunsthochschule noch Musikkonservatorium besaß, durch ein autodidaktisches Arbeiten in unterschiedlichsten Kontexten geprägt. Carsten Nicolai widmete sich zunächst der Malerei, bis er Mitte der 1990er-Jahre in einer Schaffenskrise feststellte, dass ihm der Zeitaspekt in seinen visuellen Arbeiten fehlte. Zu dieser Zeit begann er, mit hohen Frequenzen und deren Wahrnehmbarkeit durch das menschliche Ohr zu experimentieren. Dadurch entstand sein Zugang zum Sound als Material, das – ähnlich wie das Licht in *tele* – Raum und Zeit transportiert. Auch heute noch beschäftigt er sich nicht nur in seiner künstlerischen Praxis mit Sound, sondern ist auch als Musiker mit eigenem Musiklabel aktiv.

Die Serie *void* (2002) besteht aus röhrenförmigen Glasskulpturen, die mit Geräuschen befüllt und versiegelt sind. Hier stellt sich nicht nur die Frage, was die Essenz der Arbeit ist – die sichtbaren Skulpturen oder der nicht (mehr) wahrnehmbare Sound. Es muss auch zunächst auf basaler Ebene entschieden werden, ob die aufgenommenen Töne überhaupt noch als existent angenommen werden, wenn wir sie nicht hören. Was geschieht beim Versuch, uns ihnen zu nähern, also dem theoretischen „Öffnen" der Skulpturen, welches das Vakuum und damit den Inhalt zerstören würde? Welche Rolle kommt den Rezipient*innen, deren Imagination und Aktion zu? Sind sie in erster Linie Störfaktoren, die im hilflosen Versuch, sich dem Sound zu nähern, die vom Künstler intendierte Konstruktion torpedieren; oder müssen sie immer als Teil der Arbeit mitgedacht werden?

Mit ähnlichen Fragen beschäftigt sich Nicolai auch in *visuelles feld* (2000), einer Arbeit, mit der er sich auf den Quantenphysiker Werner Heisenberg bezieht. Zahlreichen Werken von Nicolai gemein ist der immaterielle Charakter ihrer Hauptbestandteile. Daraus ergeben sich ähnliche Fragen und Problemstellungen wie in Bezug auf das Verständnis von quantenphysikalischen Überlegungen. Deren Unanschaulichkeit macht es zunächst schwer, sie nachzuvollziehen. Sie widerspricht häufig unserer sinnlichen Erfahrung wie auch der gewohnten sprachlichen Erfassung von Wirklichkeit und ist durch scheinbare Paradoxien geprägt. Heisenberg formulierte 1927 die Unschärferelation. Sie besagt, dass zwei komplementäre Eigenschaften eines atomaren Teilchens nicht beliebig genau bestimmbar sind. Im Unterschied zu Messungen in der klassischen Physik verändert eine quantenmechanische Messung den Zustand des gemessenen Systems. Nicolais Installation aus dem Jahr 2000 besteht aus einer monochromen Wandmalerei, einer Kamera, die diese Wandmalerei überwacht sowie einem Monitor, der die Signale der Kamera empfängt und visualisiert. Typisch für Nicolais Arbeitsweise ist dabei, dass die Kamera auch zur Aufnahme von Sound verwendet wird, wobei Bild und Ton in Linienform abstrahiert wiedergegeben werden. Die verfremdete Verwendung von Technik für einen anderen Zweck als eigentlich vorgesehen ist ein wiederkehrender Topos in seiner Praxis.[10] In *visuelles feld* beeinflusst jede*r Besucher*in des Raums unwillkürlich, was die Kamera aufzeichnet und was der Monitor zeigt – ob als Störelement oder als Teil der Arbeit, der diese erst vervollständigt, bleibt offen. Es wird jedoch deutlich, dass wir Teil des Systems sind, das wir beobachten. Eine außenstehende, vermeintlich neutrale Betrachterposition ist nicht möglich – und damit auch keine Zuflucht in eine Objektivität, die von Verantwortung befreit, da man ja nur „passiver Registrator eines Abbildungsprozesses ist"[11].

Ein Phänomen, mit dem sich Carsten Nicolai immer wieder auseinandergesetzt hat, sind Kristalle. Sie zeichnen sich dadurch aus, dass ihre Bausteine nicht zufällig, sondern regelmäßig in einer sechsfachen Symmetrie angeordnet, gleichwohl aber unzählige komplexe Formvarianten möglich sind. Nicolai beschäftigt sich unter anderem in *snow noise* (2001) mit ihnen: In einer laborartigen Situation ist es Ausstellungsbesucher*innen möglich, selbst Schneekristalle zu „züchten". Dafür werden speziell präparierte Glaszylinder auf minus 25 Grad Celsius heruntergekühlt, wodurch bereits nach wenigen Minuten die Entstehung von zunächst einfachen, später zunehmend komplexen Schneestrukturen beobachtet werden kann. Minimale, kaum zu kontrollierende Verunreinigungen triggern die Formbildung und verweisen auf die enge Verbindung und nur vermeintliche Gegensätzlichkeit zwischen einem klar geregelten System und der zentralen Rolle, die sogenannte Fehler oder unkontrollierbare Variablen für dessen Funktion haben. Nicht nur der Prozess der Formbildung ist selbstorganisierter Natur, auch der Initiator des Prozesses wird durch den Zufall bestimmt. Während in *void* und *visuelles feld* in erster Linie die Rolle der Rezipient*innen hinterfragt wird, impliziert *snow noise* auch eine distanzierte Haltung Nicolais gegenüber der noch immer gängigen Vorstellung des genialisch wirkenden Künstlers mit absoluter Kontrolle über die Autorschaft seines Werks. Zwar entwirft Nicolai die Fragestellung und auch deren visuelle Ausformulierung in Form des Versuchsaufbaus, gleichwohl entziehen sich wesentliche Teile der Installation seiner Macht und Urheberschaft. Die Kristalle können daher auch als Metapher für eine künstlerische Praxis verstanden werden, bei der der Künstler eine Situation erschafft, die er zwar detailliert planen, jedoch nicht gänzlich kontrollieren kann – und deren unvorhersehbare Komponenten von substanzieller Relevanz sind.

Carsten Nicolais Arbeiten sind nicht primär von der Suche nach eindeutigen, verifizierbaren Ergebnissen oder einem repräsentativen bzw. mimetischen Anspruch geprägt. Vielmehr schaffen sie alternative Modelle und neue Zeichensysteme für das Nachdenken über das Unanschauliche, für das Nachdenken über unser Verständnis von Realität.

anmerkungen

1 Einstein als Quanten-Skeptiker glaubte an eine verborgene Variable, die noch zu entdecken sei und mit der man die spukhafte Fernwirkung mit den Gesetzen der klassischen Physik erklären und damit auch „entzaubern“ könne: „Gott würfelt nicht“.

2 Vgl. Hans Ulrich Obrist, Carsten Nicolai, „Laboratorium ist die Antwort. Was ist die Frage? – ein Gespräch“, in: *Autopilot*, Berlin 2002, S. 59–68, hier S. 63.

3 Heinz von Foerster, „Wahrnehmung“, in: Ars Electronica (Hg.), *Philosophien der neuen Technologie*, Berlin 1989, S. 27–40, hier S. 36.

4 Ebd. S. 31.

5 Vgl. Sabine Flach, „Reisen in den Mikroraum. Kunst und Wissenschaft der Avantgarde“, in: *Dopplereffekt. Bilder in Kunst und Wissenschaft*, Ausst.-Kat. Kunsthalle Kiel 2010, S. 47–58, hier S. 49.

6 Ebd. S. 57.

7 Vgl. Charles Percy Snow, *The Two Cultures and the Scientific Revolution*, Cambridge, MA, 1959, S. 61.

8 Vgl. Erna Fiorentini, „Konvergent/Divergent. Ein historischer Blick auf den Dialog von Kunst und Wissenschaft“, in: *Dopplereffekt. Bilder in Kunst und Wissenschaft*, Ausst.-Kat. Kunsthalle Kiel 2010, S. 95–102, hier S. 100.

9 Vgl. ebd. S. 102 oder bspw. den Sonderforschungsbereich BildEvidenz der Freien Universität Berlin.

10 Vgl. etwa die Arbeit *telefunken* (2000).

11 Vgl. Foerster, S. 32.

Spukhafte Fernwirkung
An Approach to Carsten Nicolai's Artistic Practice

Anne Bitterwolf

Einstein skeptically described as "spooky effect at a distance" the phenomenon in which two quantum systems that are physically separated from each other, are situated in a common condition: two particles are connected in such a way that changes in one of them have a direct, instantaneous effect on the other's condition – as if there were a telepathic connection between the two.[1]

The title of Carsten Nicolai's installation, *tele*, refers to this peculiarity of quantum entanglement. Between two large-format mirrors in the form of a divided Archimedean body, two laser beams are sent back and forth, hitting photocells whose impulse in turn triggers the laser beams anew. Here, Nicolai continues his long-standing interest in self-reproducing systems that, once constructed and set in motion, function without the artist's intervention.[2] Despite the immateriality of light, laser beams dominate and define the exhibition space. The electromagnetic waves spread at the speed of light, and are perceived by the human eye as a stable, straight beam, thereby achieving a sculptural quality. The mirrors create the impression of an infinite continuity of the rays, as if a separate, alternative universe emerges – an autonomous system created by the artist. The laser beams can be perceived differently from various points of view, and changing perspectives on the sculpturally formed mirrors allow a variety of images to be created, so that the work can be understood as an exemplary visualization of Heinz von Foerster's postulate "It is the *changes* in the perceived, created through movement, that we sense."[3] *tele* leads us to be engaged with our perception and perceive it ourselves: "You have to first perceive percipience in order to speak of perception at all."[4]

In his works, Carsten Nicolai frequently deals with sensory impressions and their (medial) translation, with transmitters and receivers, ordering systems and their breaking points. He examines immaterial phenomena that lead to fundamental questions about human consciousness – like to which part what is perceived actually exists outside perception and to what extent it is constructed on a neuronal level by our brain. Thematically close to the problems typically associated with neurosciences or natural sciences with their investigations of micro- and macrosystems, he creates objects and installations that are characterized by consolidation and reduction.

Historically, from the middle of the nineteenth century onwards, when life sciences were reorganized, questions about the conditions of perception and the relationship between perception and thought became more frequent.[5] The artistic avant-garde of the early twentieth century surrounding Malevich, Klee, or Moholy-Nagy also dealt with artistic cognitive faculty and the development of an independent artistic knowledge beyond an imitation process perceived as obsolete. For these artists, the development of artistic knowledge "was not a reaction to scientific discoveries [...] but rather, with transdisciplinary research and methodological instruments such as abstraction, a foundation was created for the knowledge of art as cultural and scientific knowledge."[6]

At the end of the 1950s, Charles Percy Snow still proclaimed a separation between the two seemingly incompatible cultures of art and science in the Cartesian tradition,[7] but since the 1980s there has been a growing convergence between the disciplines. Symptomatic of this is the main exhibition in the Italian Pavilion of the 42nd Venice Biennale in 1986, which operated under the title "Art and Science." At the same time, an increasing tendency to convey complex contexts and abstract practices by means of pictorial representations can also be observed in the natural sciences.[8] Although a tendency towards transdisciplinary work has been observed in university contexts for some time and, for example, a pictorial science that deals with images from different contexts (even beyond art) has been established, there seems to be a current recognition of the genuinely distinctive character of artistic production of knowledge and awareness.[9] Nicolai, in spite of his apparent proximity to the natural sciences, is also primarily interested in the development of his own questions and experimental arrangements, which are often characterized by a controlled structure and thus not dissimilar to science, but at the same time leave room for a speculative moment. He is concerned less with achieving a result than with the ephemeral and procedural.

His studies of landscape architecture in Dresden already were characterized by an interdisciplinary approach towards working and thinking, combining various specialized fields of knowledge such as ecology, mathematics, biology, forestry, and communication theory, as well as urban and landscape planning. Growing up and artistically socialized in Chemnitz, the creative atmosphere of the city, which had neither an art academy nor a music conservatory, was characterized by self-taught work in a wide variety of contexts. Carsten Nicolai initially devoted himself to painting, until, in the mid-1990s during a creative crisis, he realized that he was missing the aspect of time in his visual works. At that time he began to experiment with high frequencies and their perceptibility by the human ear. This created his approach to sound as a material that – much like the light in *tele* –

transports space and time. Even today he is not only occupied with sound in his artistic practice, but is also active as a musician with his own music label.

The series *void* (2002) is made of tubular glass sculptures filled with sounds and sealed. It is not only a question of what the essence of the work consists of – the visible sculptures or the sound, which is not perceptible (anymore). What must first be decided on a fundamental level is if the recorded sounds can be accepted as still existing if we do not hear them. What happens when we try to approach them, i.e. the theoretical "opening" of the sculptures, which would destroy the vacuum and thus the contents? What is the role of the receiver, their imagination, and action? Are they primarily a disruptive element that, in a helpless attempt to approach the sound, torpedoes the construction intended by the artist; or do they always have to be thought of as part of the work?

Nicolai also deals with similar questions in *visual field* (2000), a work in which he refers to the quantum physicist Werner Heisenberg. Many of Nicolai's works have the immaterial character of their main components in common. This gives rise to similar questions and problems like those related to the understanding of quantum physics. Initially, their ambiguity makes it difficult to understand them. They often contradict our sensual experience as well as the usual linguistic perception of reality and are characterized by apparent paradoxes. Heisenberg formulated the uncertainty principle in 1927. It states that two complementary properties of an atomic particle cannot be determined with arbitrary precision. In contrast to measurements in classical physics, a quantum mechanical measurement changes the state of the measured system. Nicolai's installation from the year 2000 consists of a monochrome wall painting, a camera that monitors this wall painting, and a monitor that receives and visualizes the signals from the camera. A typical feature of Nicolai's working method is that the camera is also used to record sound, whereby image and sound are reproduced in abstracted line form. The alienated use of technique for a purpose other than intended is a recurring topos in his practice.[10] In *visual field*, every visitor to the room involuntarily influences what the camera records and what the monitor shows – what remains open is whether this is as a disruptive element or as part of the completion of the work. However, it is clear that we are part of the system we are observing. An external, supposedly neutral position of the viewer is not possible – and neither is a refuge in objectivity that frees one from responsibility, since one is only a "passive registrar of an imaging process."[11]

Crystals are one of the phenomena Carsten Nicolai has been dealing with time and again. They are characterized by the fact that their building blocks are not random, but constantly arranged in six-fold symmetry. Nevertheless countless complex shape variations are possible. Nicolai deals with them, among others, in *snow noise* (2001): in a laboratory-like situation, exhibition visitors can "cultivate" snow crystals themselves. To achieve this, specially prepared glass cylinders are cooled down to minus 25 degrees Celsius, which means that the formation of initially simple and later increasingly complex snow structures can be observed after just a few minutes. Minimal, barely controllable impurities trigger the formation of form and point to the close connection and supposed dichotomy between a clearly regulated system and the central role that so-called errors or uncontrollable variables have in its function. Not only the process of forming is of a self-organized nature, but also the initiator of the process is determined by chance. While *void* and *visual field* primarily question the role of the recipients, *snow noise* also implies Nicolai's distanced stance towards the still common notion of the ingenious artist with absolute control over the authorship of his work. Although Nicolai sketches out the question and its visual formulation in the form of an experimental set-up, at the same time essential parts of the installation evade his power and authorship. Therefore, the crystals can also be understood as a metaphor for an artistic practice in which the artist creates a situation that he can plan in detail, but not completely control – and whose unpredictable components are of substantial relevance.

Carsten Nicolai's works are not primarily characterized by the search for unambiguous, verifiable results, or a representative or mimetic claim. Rather, they create alternative models and new systems of signs for reflection on the obscure, for reflection on our understanding of reality.

notes

1 Einstein as a quantum skeptic believed in a hidden variable that could still be discovered and with which one could explain the spooky effect at a distance with the laws of classical physics and thus also "disenchant": "God does not throw dice."

2 Cf. Hans Ulrich Obrist, Carsten Nicolai, "Laboratorium is the Answer. What is the Question? A Conversation," in *Autopilot*, Berlin 2002, pp. 74–82, here p. 77.

3 Heinz von Foerster, "Wahrnehmung," in Ars Electronica (Ed.), *Philosophien der neuen Technologie*, Berlin 1989, pp. 27–40, here p. 36.

4 Ibid. p. 31.

5 See Sabine Flach, "Reisen in den Mikroraum. Kunst und Wissenschaft der Avantgarde," in *Dopplereffekt. Bilder in Kunst und Wissenschaft*, exhibition cat. Kunsthalle Kiel 2010, pp. 47–58, here p. 49.

6 Ibid. p. 57.

7 See Charles Percy Snow, *The Two Cultures and the Scientific Revolution*, Cambridge, MA, 1959, p. 61.

8 See Erna Fiorentini, "Konvergent/Divergent. Ein historischer Blick auf den Dialog von Kunst und Wissenschaft," in *Dopplereffekt. Bilder in Kunst und Wissenschaft*, exhibition cat. Kunsthalle Kiel 2010, pp. 95–102, here p. 100.

9 Cf. ibid. p. 102 or e. g. the Center for Advanced Studies BildEvidenz. History and Aesthetics at the Freie Universität Berlin.

10 See, for example, the work *telefunken* (2000).

11 See Foerster, p. 32.

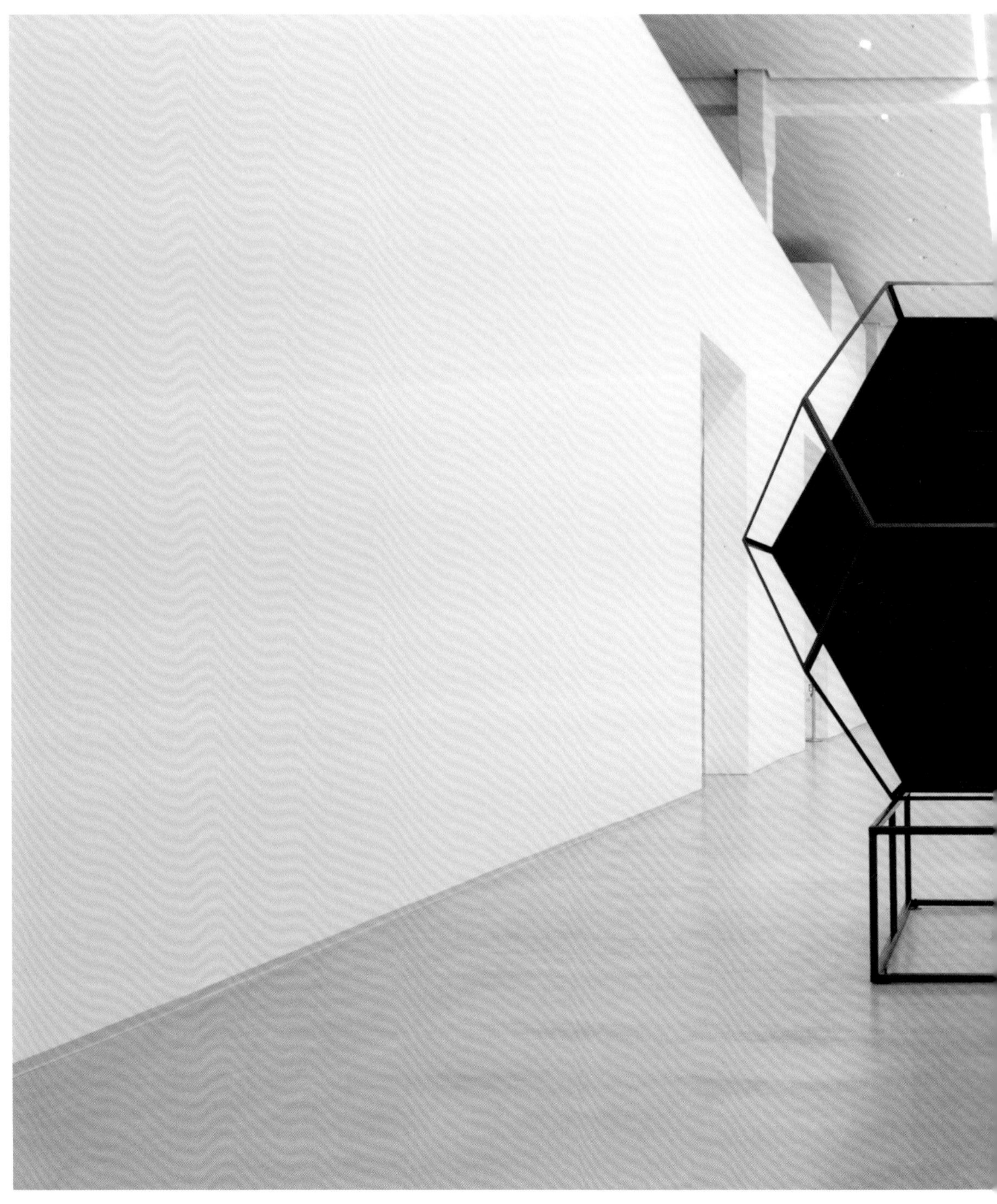

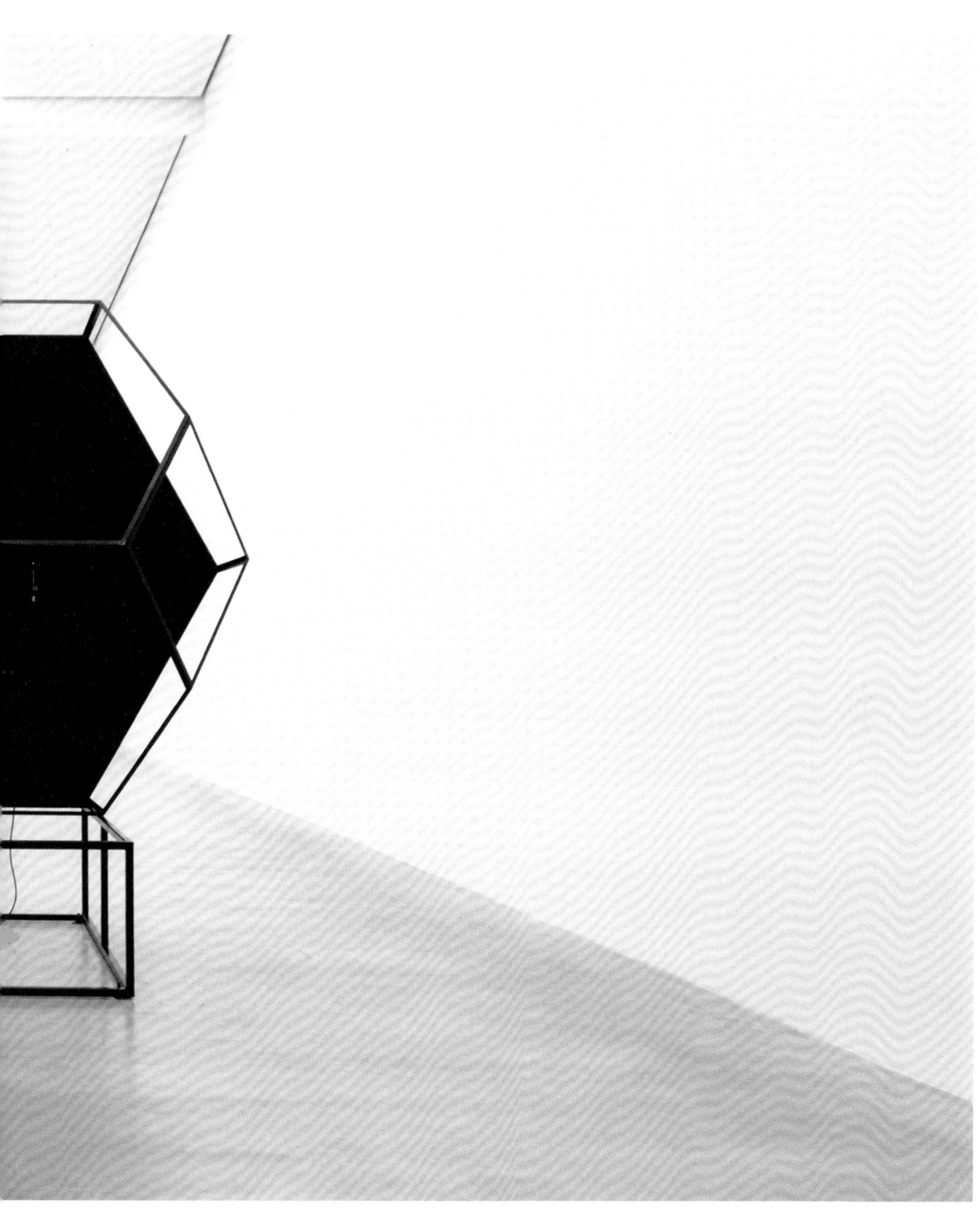

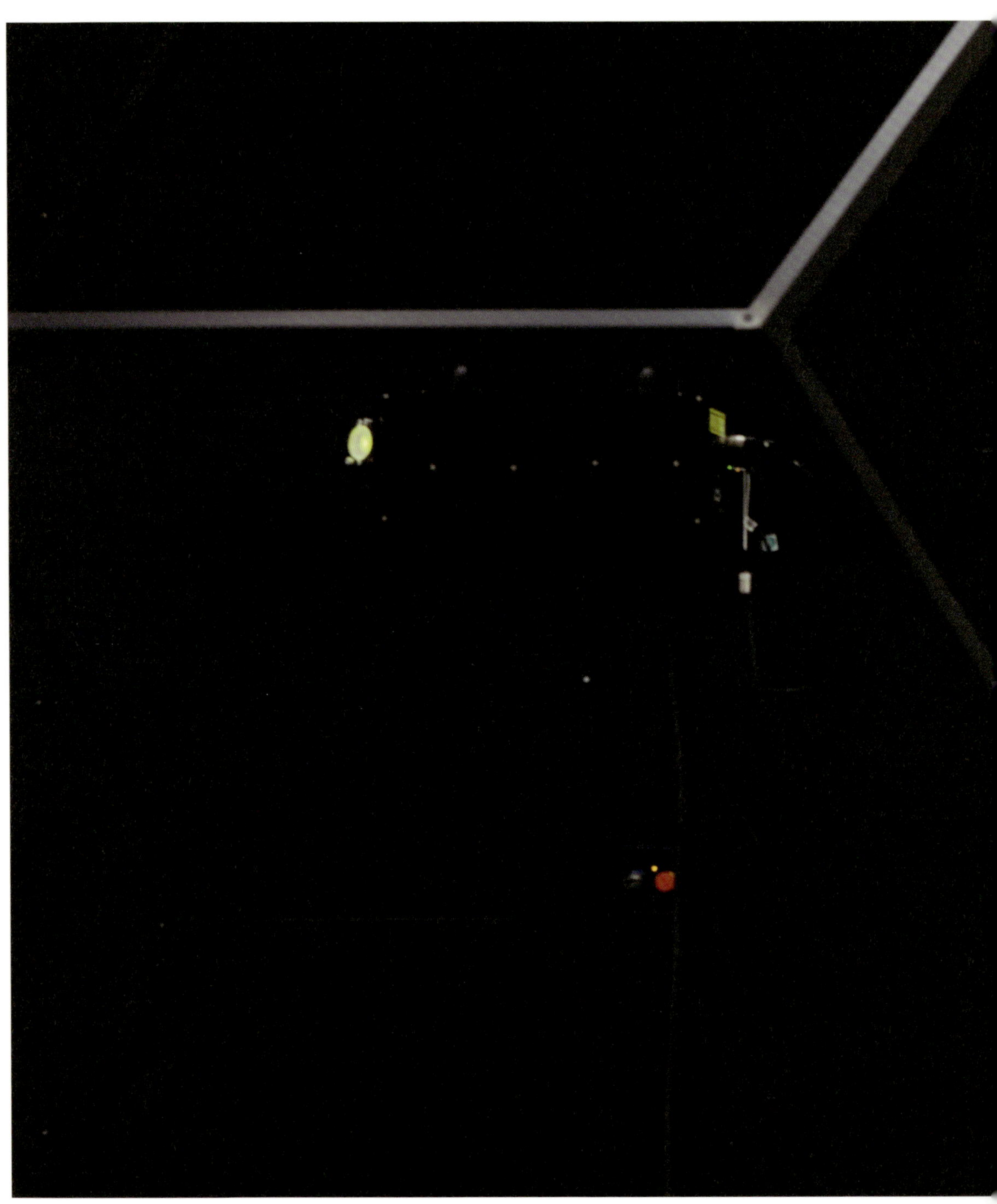

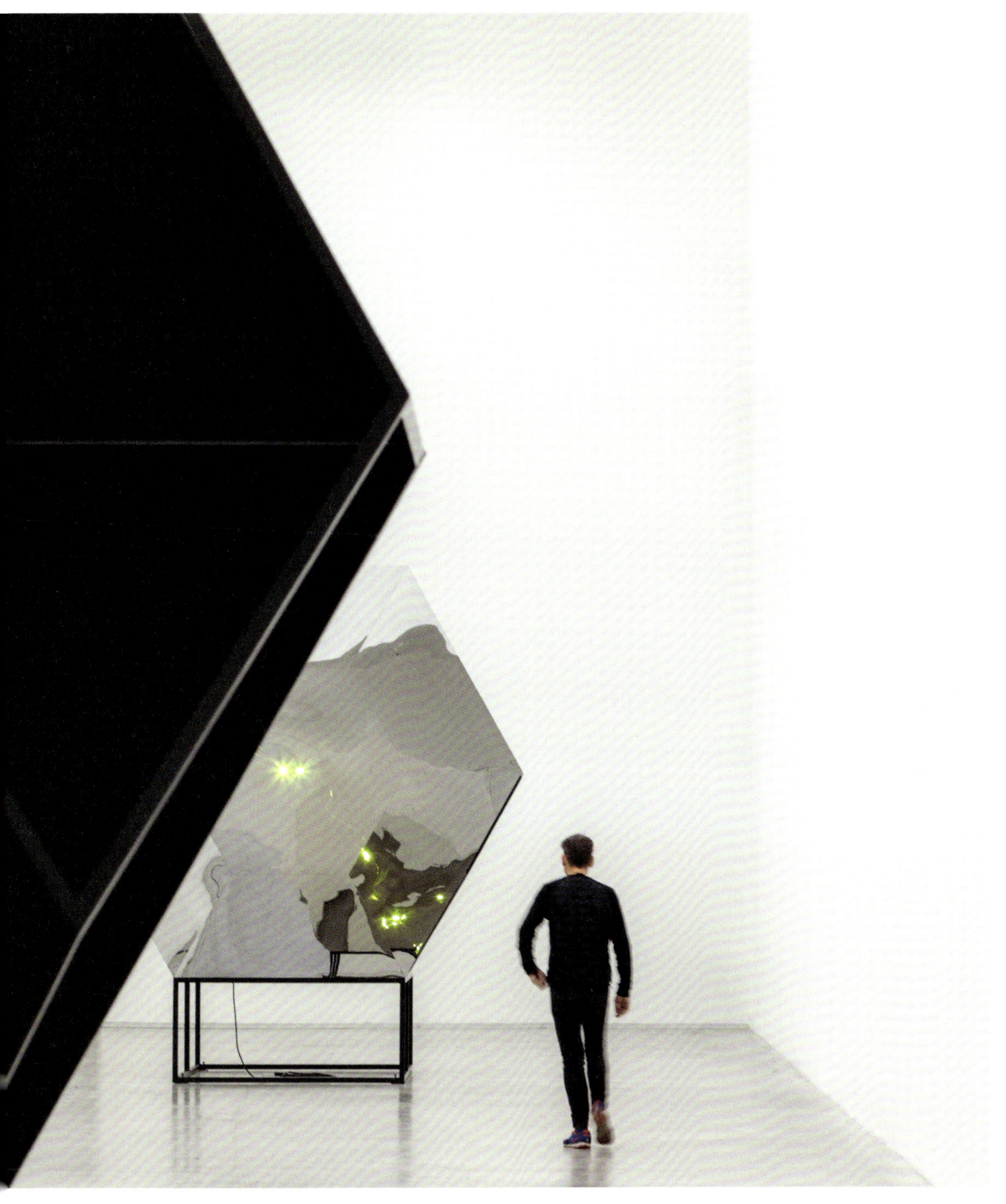

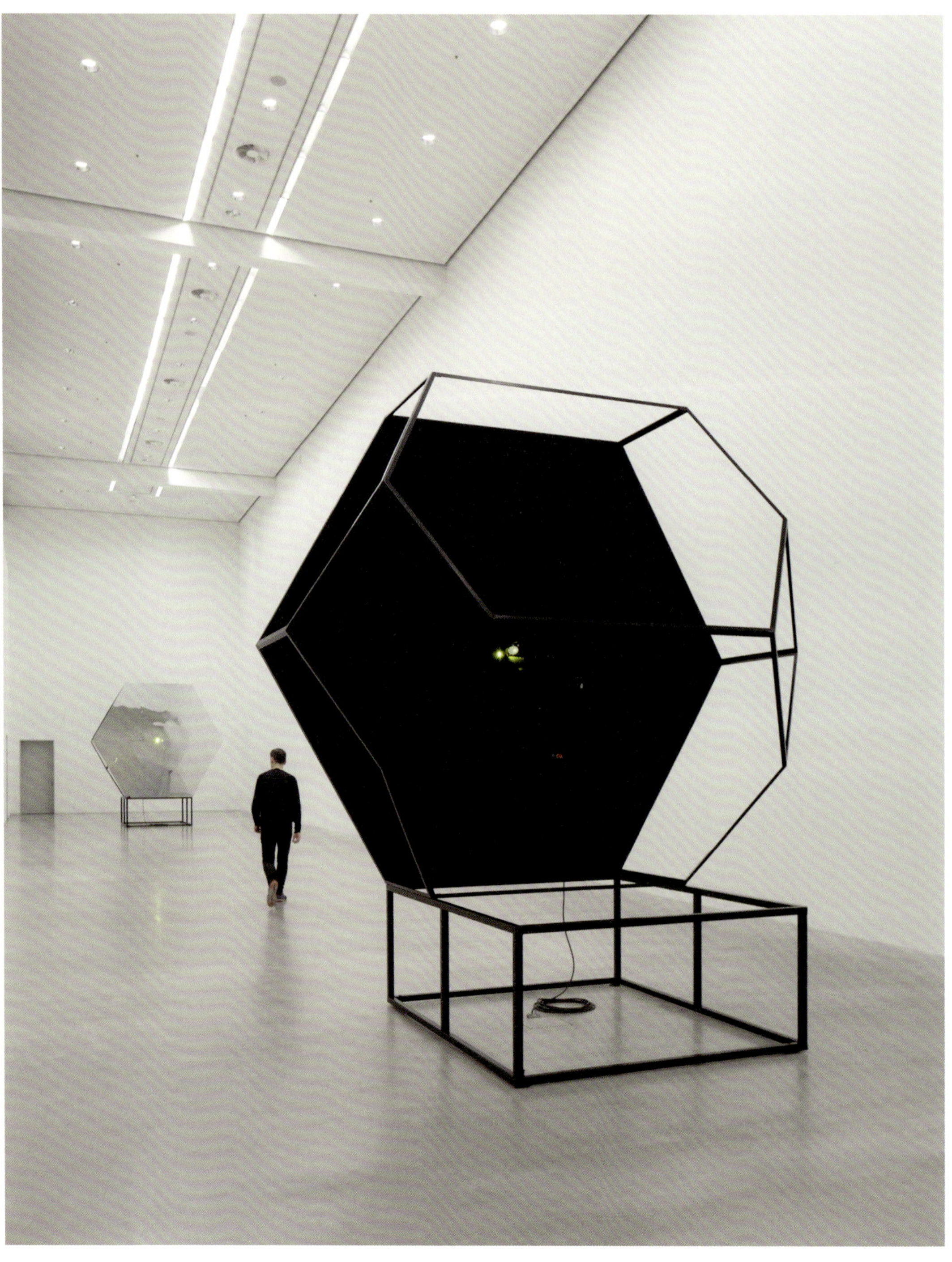

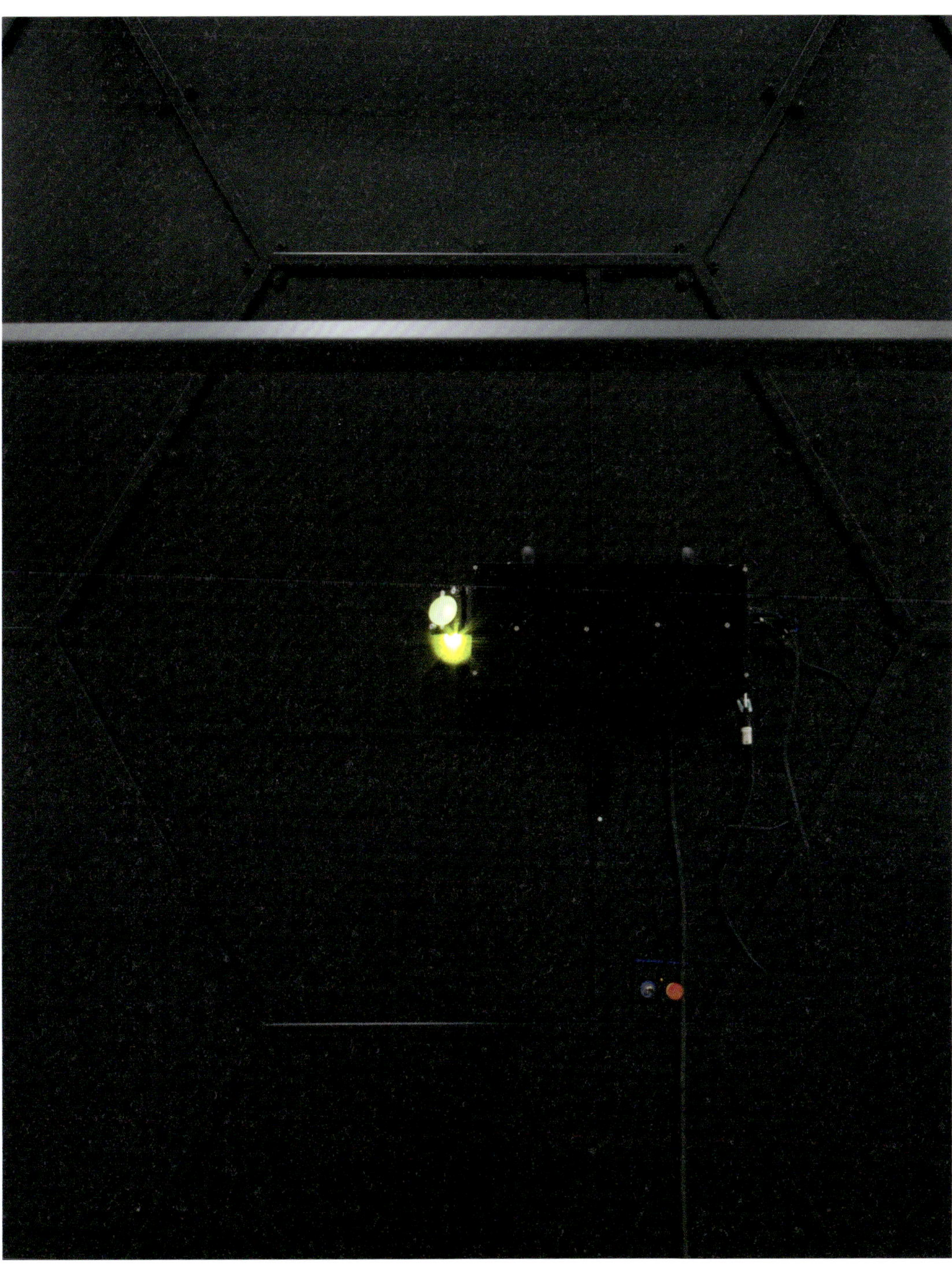

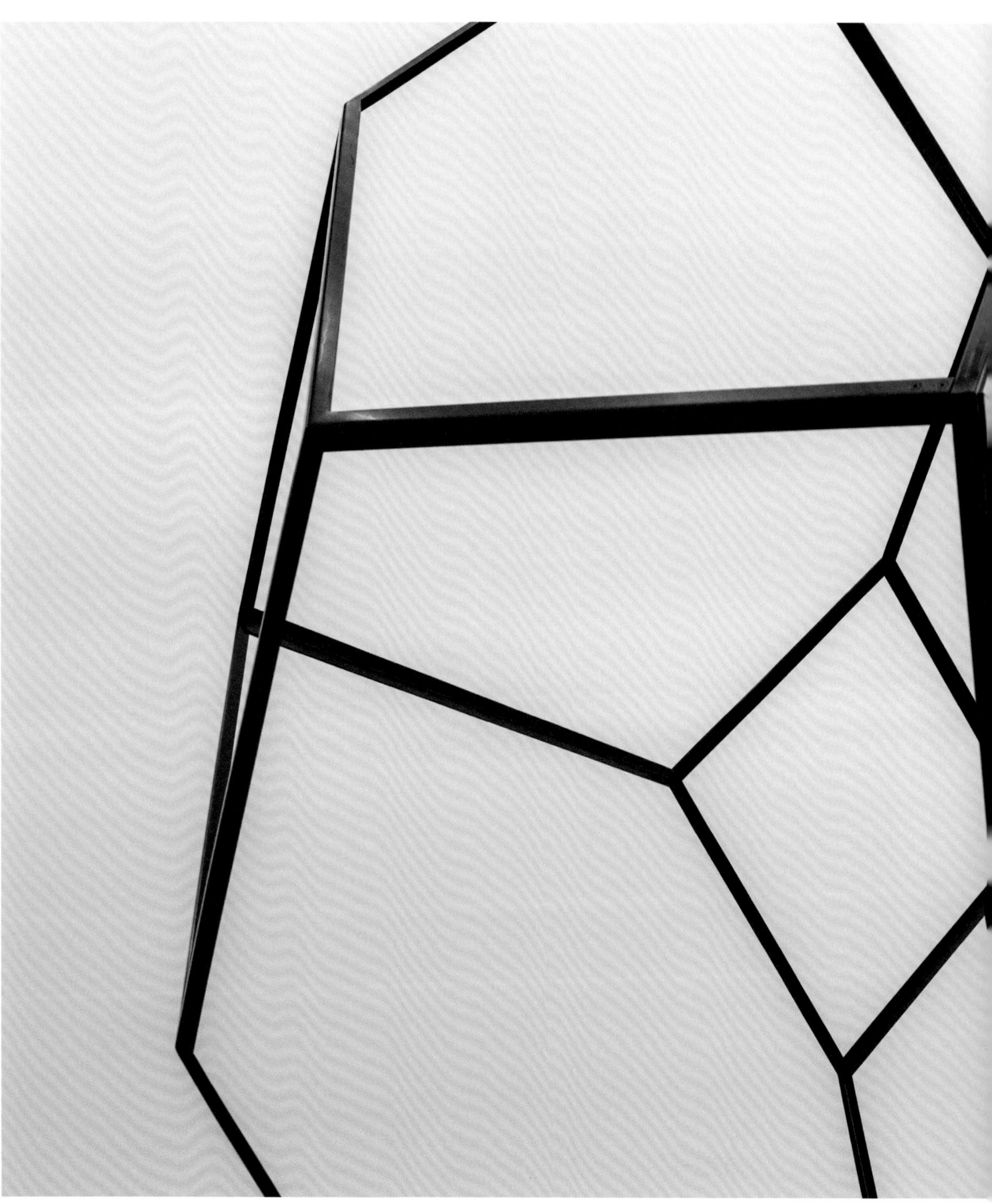

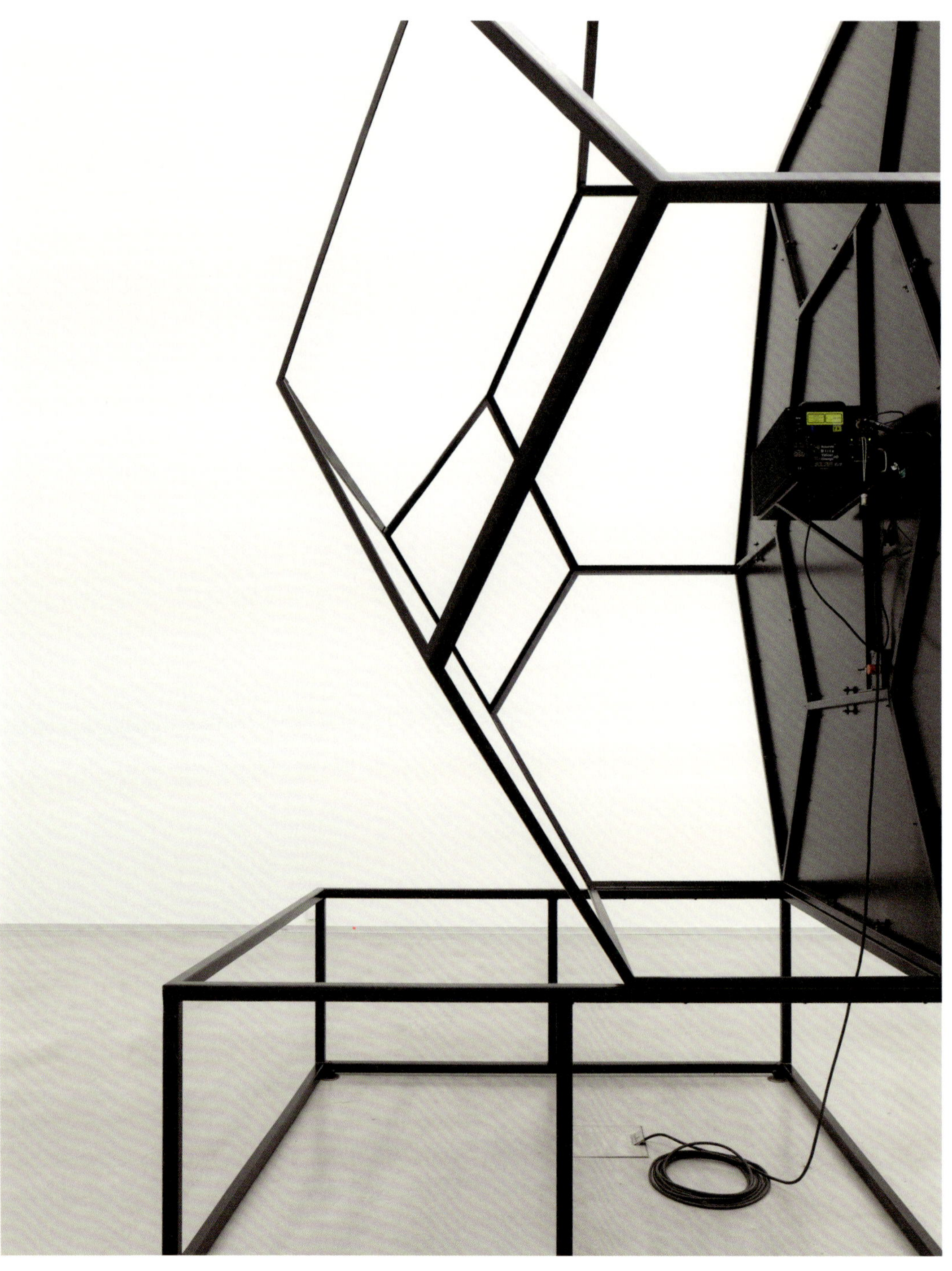

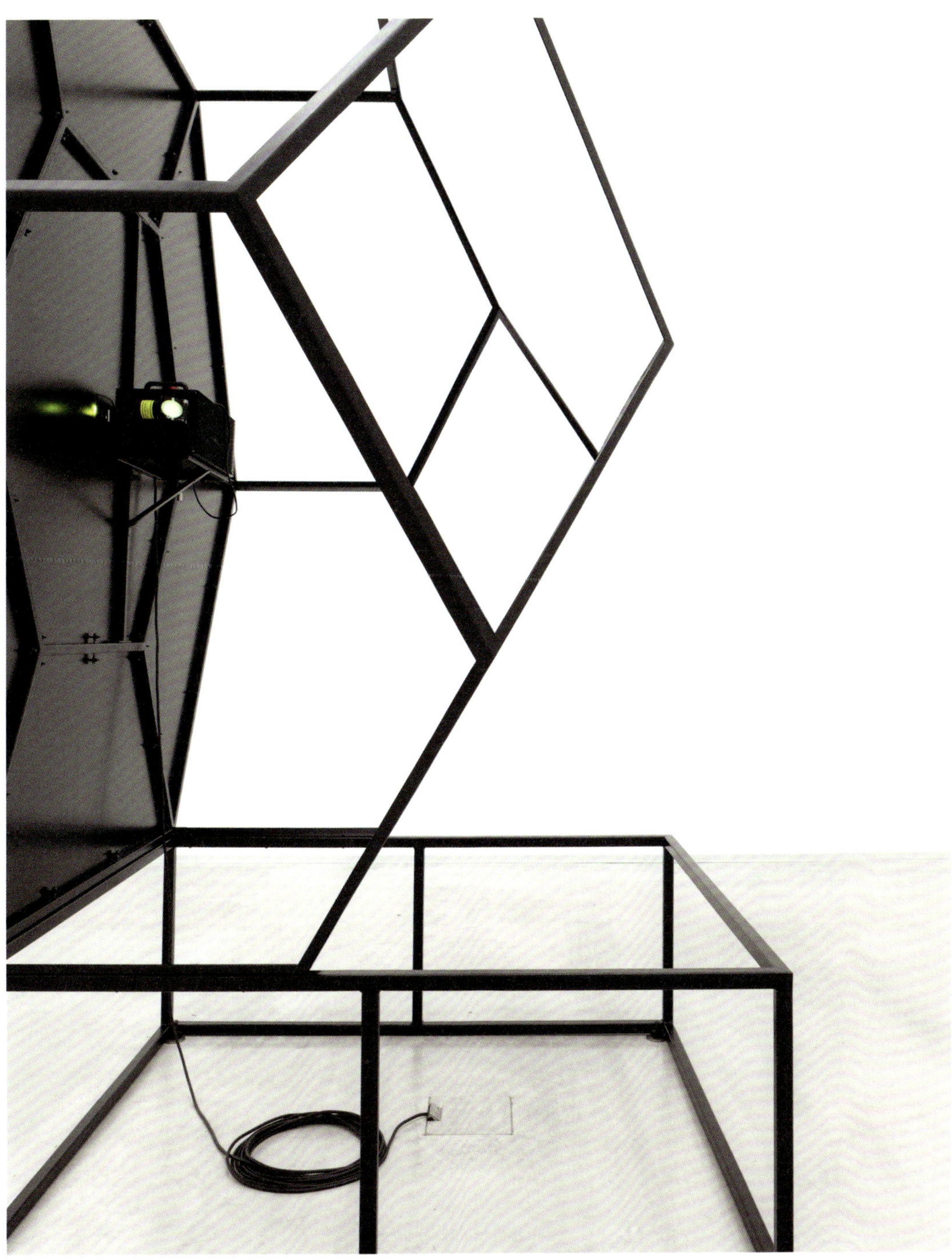

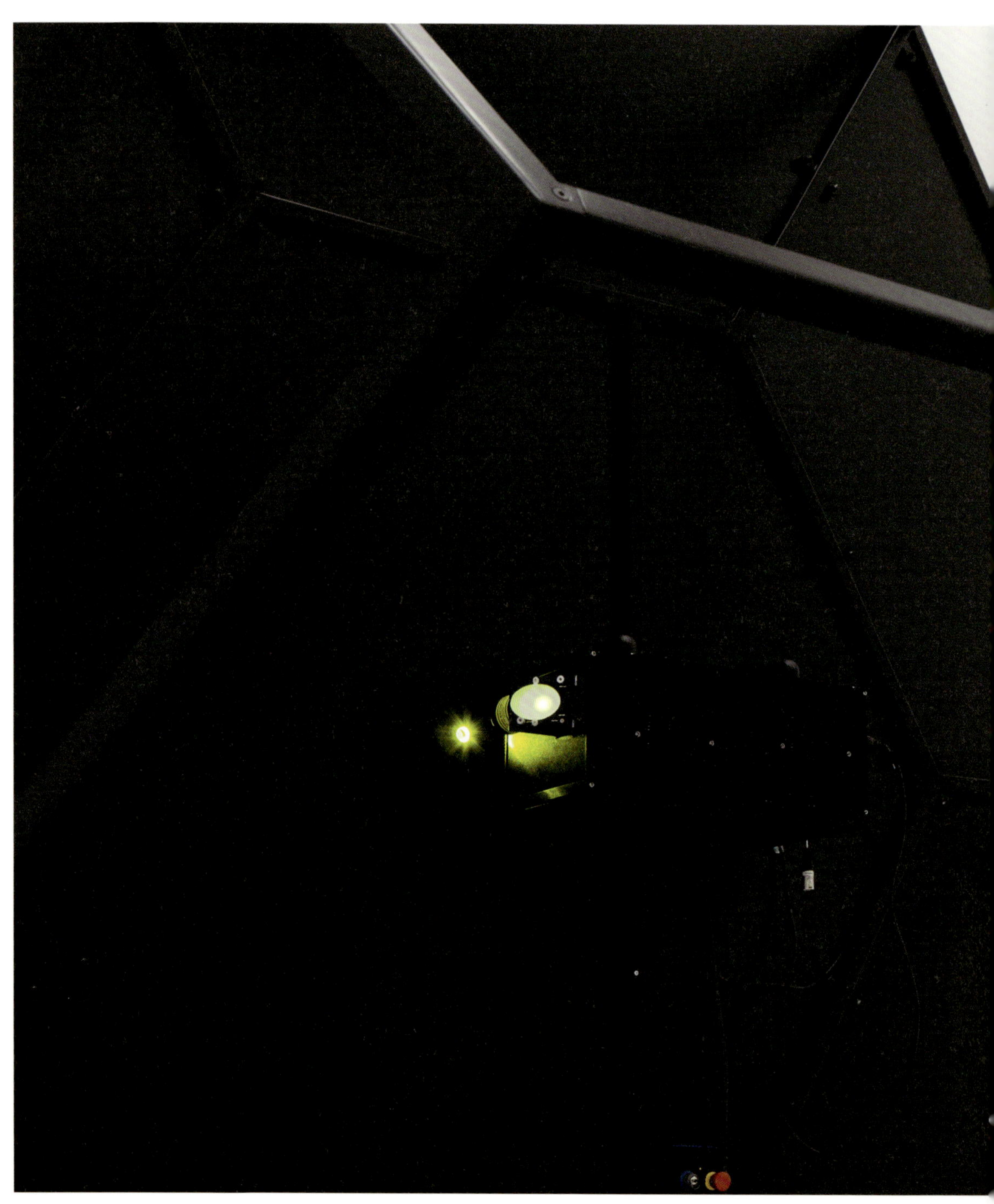

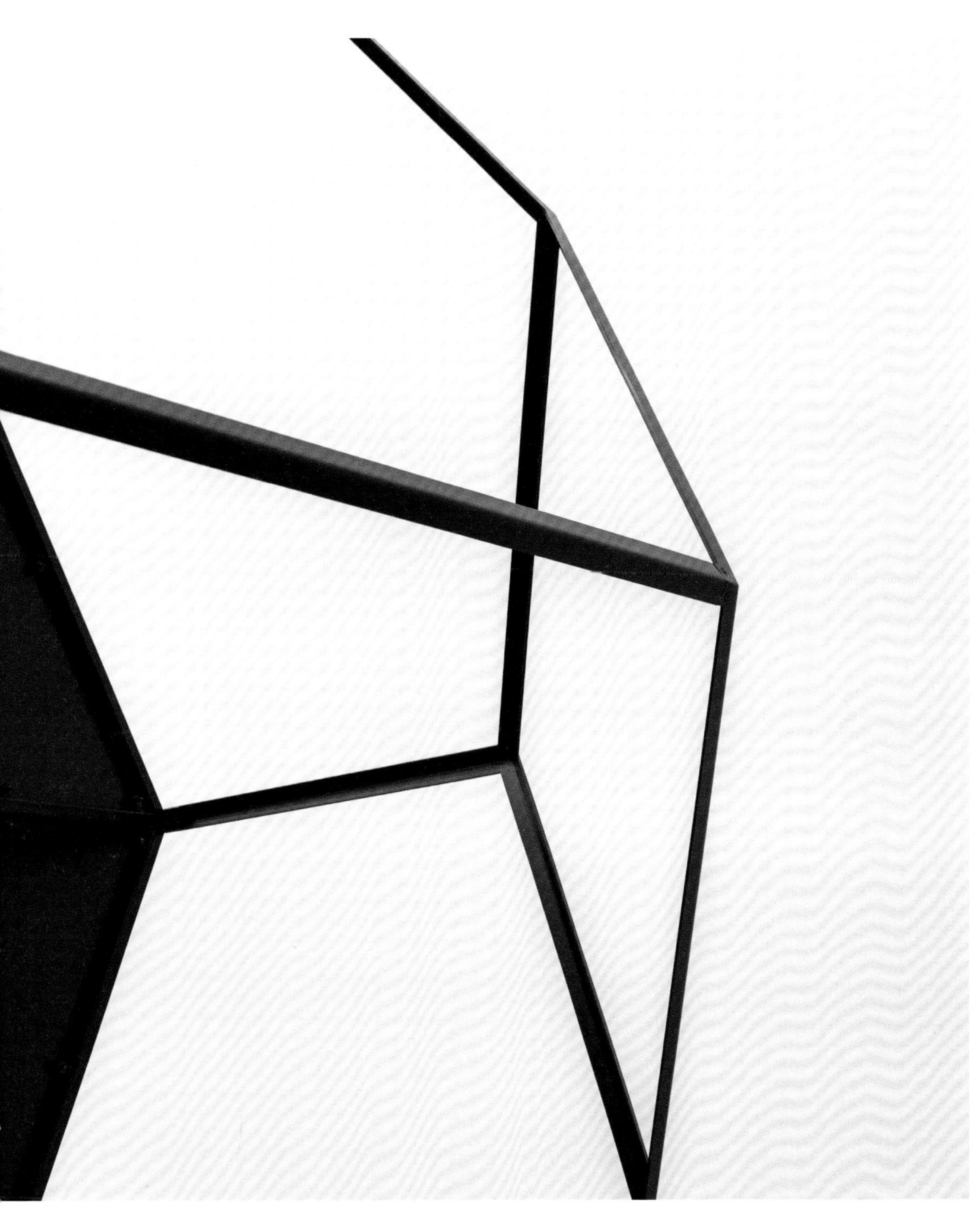

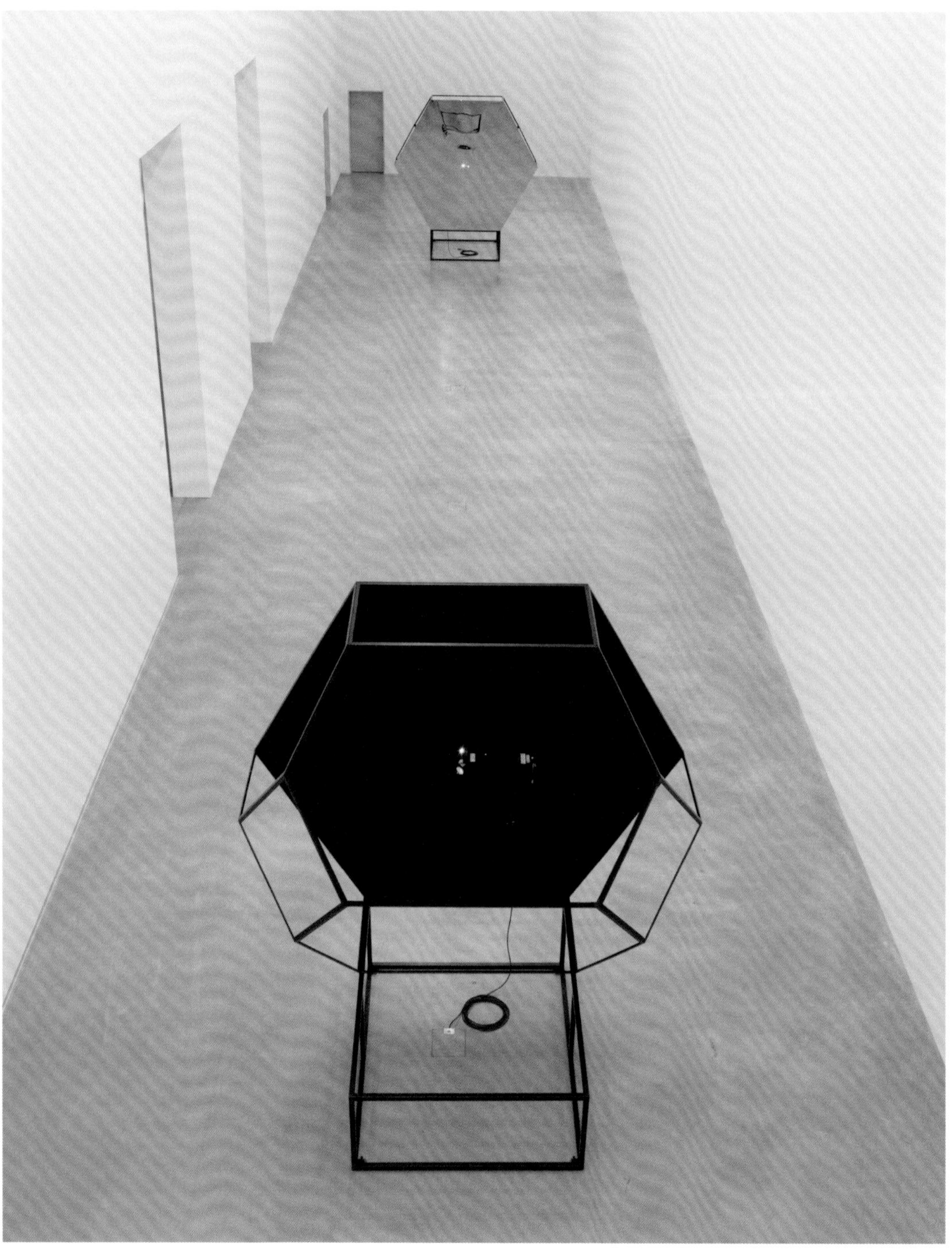

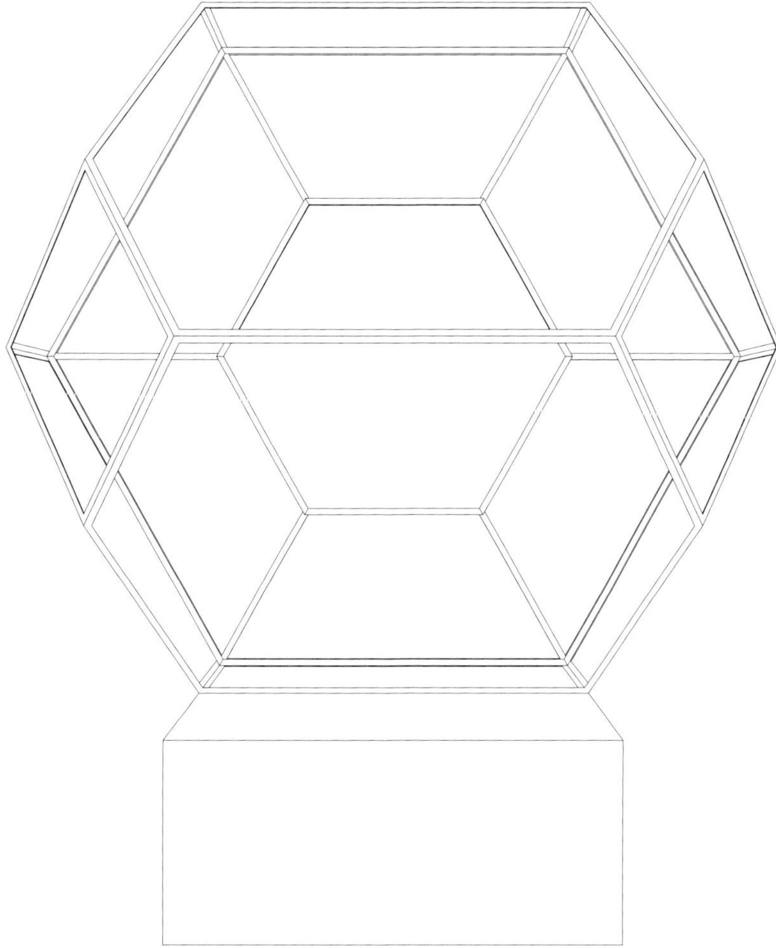

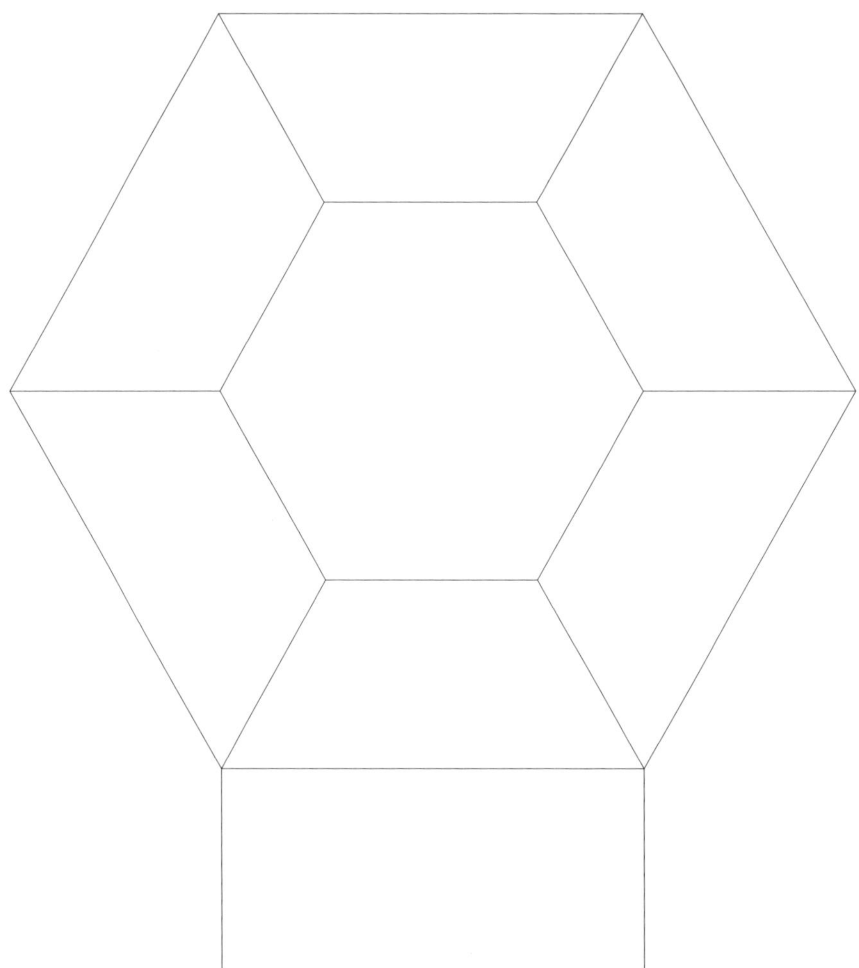

Telematik & Telepathie
Carsten Nicolais *Sehende Spekulanten*

Siegfried Zielinski

In der Kinematografie wurde die Möglichkeit gefeiert, endlich fotografische Aufzeichnungen von realen oder inszenierten Ereignissen zweidimensional aus Kombinationen von Licht und Schatten projizieren zu können. Die Grundidee von *sehenden Maschinen*[1] war es hingegen, etwas zu erwirken, was als Konzept und Praxis der *Telepräsenz* bezeichnet wird. Zwei Körper – zum Beispiel zwei Menschen – befinden sich in gehöriger Entfernung zueinander. Eigentlich wollen sie zusammen sein, was aber aufgrund der Umstände unmöglich ist. Der wahrnehmende Körper soll sich nun wenigstens an jenem Ort des anderen wähnen können, an dem er sich real nicht aufhalten kann. Television bedeutet, dass die anwesenden Kameras und Empfangsvorrichtungen stellvertretend für die lebendigen Körper ein Ereignis sehen und uns nahezu in Echtzeit illusionär daran teilhaben lassen.

Carsten Nicolai reduziert die grundsätzliche Konstellation dieser Begegnung in der Ferne auf das Wesentliche. Die beiden Körper, die der Künstler in seiner Installation *tele* miteinander in den Dialog treten lässt, befinden sich zwar im selben Raum, auf derselben Welt sozusagen – aber sie sind durch eine gehörige Distanz zugleich voneinander getrennt. Sie kommunizieren für uns einerseits über ihre äußere Ähnlichkeit, über ihre Verwandtschaft und für sich selbst, indem sie über einen Laserstrahl in Kontakt miteinander gebracht werden. Die Körper haben eine besondere Konstitution. Sie bestehen vollständig aus Spiegeln, jenen Medien der Reflexion und Brechung, die in ihrer Bedeutung zwischen Magie, Betrug, schönem Schein und kalter Rationalität, ja, sogar als Waffe hin und her oszillieren. Mit Hilfe von sogenannten Brennspiegeln half der Naturphilosoph Archimedes einst die griechischen Kriegsschiffe zu vernichten, die seine Heimatstadt Syrakus belagerten.

Aber was ist das für eine merkwürdige Verbindung, welche die Trennung voraussetzt, die in der besonderen Form der Telematik zelebriert wird? Und welche

Eigenheiten implementiert ihr Carsten Nicolai in seine Installation? Auf der Suche nach möglichen Antworten auf diese Fragen soll eine knappe medienarchäologische Erkundung helfen.

„Von einem Perspectiv / damit einer weiter sehen kann / als man sich einbilden möchte", schrieb der Neapolitaner Giovanni Battista della Porta in seiner *Magia Naturalis*[2] und entwarf das Konzept für eine „Gesicht=Kunst", für eine Kunst des Sehens, mit der man „bekannte Leute / etliche Meilen weit kennen / und auch Leute von blödem Gesicht / die kleinsten Buchstaben von ferne lesen könnten". *Teleskopie* wäre ein Begriff, mit dem man die technische Praxis bezeichnen könnte, die der Naturphilosoph der Vor-Moderne umständlich beschrieb. Seine *Sehkunst* bestand wesentlich aus spezifischen Anordnungen von Spiegeln, die es einem heimlichen Beobachter ermöglichten, Einsicht in einen Ort oder eine Szene zu nehmen, in dem oder in der er selbst nicht sichtbar war.

Bereits zwanzig Jahre vor den ersten kinematografischen Veranstaltungen im 19. Jahrhundert wurden Modelle für in diesem prothetischen Sinn *sehende* Artefakte konzipiert. Wie das Telefon die Stimme sollten sie nun bewegte Figuren und Gesichter an jeden beliebigen Ort transportieren können. Die Entdeckung, dass das chemische Element Selen seine Leitfähigkeit mit wechselndem Licht ändert, beflügelte die archaischen Bildübertragungskonzepte. Diese Entdeckung wurde zum wichtigen Bestandteil der ersten Gründerzeit neuer Medien. Im Jahr 1877 wurde Selen in einem Konzept eingesetzt, das bei Louis Figuier (1819–1894) in einer Veröffentlichung aus dem Jahr 1878 unter der Bezeichnung *Télectroscope* erwähnt wird. Sein Sendegerät wandelte über Drähte Licht in elektrische Impulse um, die auf der Empfängerseite wieder zum sichtbaren Bild zusammengesetzt werden sollten.[3]

Nach der Veröffentlichung dieses Modells versuchten verschiedene Konstrukteure, Selen zur Bildübertragung zu benutzen. Maurice Leblanc (1857–1923) war einer der erfolgreichen. Ihm gelang drei Jahre später ein theoretischer Entwurf, der von großer Bedeutung für weitere Systeme der Bildübertragung wurde. Ein aus zwei Schwingspiegeln bestehender Abtastmechanismus, der sowohl auf der Sende- als auch auf der Empfangsseite installiert war, sollte das Bild erfassen und das Licht des Spiegelbilds in eine Selenzelle leiten. Auf der Empfangsseite sollten über das Signal zwei Glimmplatten bewegt und das Licht einer Glühlampe analog zum Sendegerät gesteuert werden.[4]

Das Konzept des biederen Berliners Paul Nipkow, nach dem die Nationalsozialisten später ihren ersten öffentlichen Fernsehdienst benannten, war demgegenüber eher rückschrittlich. Angeregt durch die Erfindung des Telefons ließ er 1884 sein *Electrisches Telescop* zur „Fernsichtbarmachung von Bildern" patentieren, um „ein am Ort A befindliches Object an einem beliebigen anderen Ort B sichtbar zu machen"[5], und zwar zeitgleich. Das Prinzip des zeilenweisen Abtastens von

Bildern mit Hilfe einer schnell rotierenden Scheibe, in die konzentrisch Löcher für den Durchschuss des Lichts eingelassen waren, gewährleistete ein schwerfälliges mechanisches Fernsehen mit niedriger Auflösung. Und es wurde auch tatsächlich bis in die 1930er-Jahre hinein praktisch angewendet.

Für eine schnelle und ständig auf hohen Touren synchron laufende Bewegtbild-Maschine im telematischen Zusammenhang war das Konzept jedoch nicht geeignet. Die trägen mechanisch-körperlichen Elemente im Inneren des Betriebssystems Television mussten dazu ebenfalls durch so etwas wie eine extrem schnell agierende Seele ersetzt werden: ein möglichst trägheitsloses Steuerungsinstrument für die feinen Lichtbündel, die sukzessive – und für die normale Wahrnehmung unmerklich – die Bilder schreiben.

Noch im 19. Jahrhundert wurden auch dafür die Grundlagen geschaffen. Der Aufbruch in die neue Physik eines beobachterrelativen Raum-Zeit-Gefüges stellte das nötige Weltbild dafür zur Verfügung. 1897 veröffentlichte Ferdinand Braun in den *Annalen der Physik und der Chemie* sein „Verfahren zur Demonstration und zum Studium des zeitlichen Verlaufs variabler Ströme“, mit der Kathodenstrahlröhre als technischem Kernstück. Sie diente zunächst profan als schnell reagierendes Anzeige- und Beobachtungsinstrument. Aber schon um die Wende zum 20. Jahrhundert wurde sie in ersten Versuchen zum universalen Instrument für das schnelle Schreiben von elektronischen Bildern weiterentwickelt.

Einer der inspirierenden Orte dieser frühen Experimente mit elektronischem Fernsehen war das russische St. Petersburg, besonders das physikalische Institut an der Konstantinschen Artillerieschule. Es wurde zu einer Keimzelle für die weltweite Entwicklung des elektronischen Fernsehens. Professor für Elektrochemie und -physik war dort Boris L. Rosing. Er hatte an der Fakultät für Mathematik und Physik der Technischen Universität in St. Petersburg studiert und 1893 seine Doktorarbeit zur „Erforschung der Effekte, die bei der Magnetisierung im Material stattfinden“ geschrieben. Der Magnetismus und die Elektrolyse bildeten Schwerpunkte seiner Tätigkeit als junger Forscher. An der Artillerieschule konzentrierte er sich, neben der Entwicklung eines neuen Systems für Akkumulatoren, auf technische Lösungen zur Fernübertragung von Bildern. Seine ersten Versuche machte er mit der Projektion von visuellen Zeichen in silbrigen Elektrolysebädern, deren Böden durch fünf Kabel miteinander verbunden waren, eine Art visueller elektrochemischer Schreibtelegraf. Jeder Kontakt war für ein Bildsignal vorgesehen. Um die Jahrhundertwende begann er, mit der Braun'schen Röhre zu experimentieren. 1902 verwendete er die Röhre mit dem Elektronenstrahl auf der Empfängerseite, während er für die Senderseite noch elektrochemische Elemente benutzte. 1906 entwarf er ein komplettes System mit Elektronenröhren für die Übertragung einfacher stehender Bilder. Bis 1907 feilte Rosing die Apparatur mit Spiegeltrommeln als Abtaster und mit einer Manipulation der Lichtintensitäten der Röhre so weit aus, dass er theoretisch Halbtöne und rudimentäre Bewegungen in einer Auflösung von zwölf

Zeilen aufbauen konnte. Dieses System ließ er sich auch in Deutschland unter der Nummer 209320 patentieren.[6] 1911 gelangen ihm damit auch praktisch die ersten Fernübertragungen von bewegten Bildern in Farbe.

Das elektronische Fernsehen wurde in den 1920er- und 1930er-Jahren in zwei entwickelten kapitalistischen Ländern, in den USA und in Großbritannien, zur frühen Produktreife gebracht. Als Protagonisten seiner technologischen Entwicklung gelten Isaac Schoenberg und vor allen anderen Vladimir Kosma Zworykin. Beide hatten vor der Russischen Revolution bei Boris Rosing in St. Petersburg studiert. Schoenberg emigrierte nach England und wurde bei der Thorn-EMI für die Entwicklung des elektronischen Fernsehens verantwortlich. Zworykin arbeitete mit Rosing in der Zeit zwischen 1910 und 1912 zusammen, als dieser an den praktischen Verbesserungen seines Systems aus kalten Kathodenröhren experimentierte. 1917 wurde Zworykin von der russischen Marconi-Gesellschaft in St. Petersburg mit dem Aufbau eines Laboratoriums für elektronisches Fernsehen beauftragt. Nach einem Zwischenaufenthalt in Paris emigrierte er 1918 in die Vereinigten Staaten, wo er bei der Radio Corporation of America (RCA) hervorragende Arbeitsbedingungen für die Entwicklung des *Iconoscopes*, der ersten funktionstüchtigen elektronischen Kamera, erhielt.[7]

Spiegel und Strahlenbündel – mehr benötigt man nicht, um Televisionen installieren zu können. Zu ihrer grenzenlosen Generierung und Verbreitung gehört noch eine gehörige Portion Informatik dazu. Carsten Nicolai stülpt das Innere des elektronischen Betriebssystems der Television nach außen in den Ausstellungsraum hinein. Die Spiegel zur Ablenkung und Steuerung der Energiebündel haften den im Dialog agierenden Körpern äußerlich an. Im Unterschied zur Braun'schen Röhre gibt es in seiner Installation allerdings nicht eine Lichtquelle, die den zu übertragenden Körper abtastet. Beide spekulativen Körper senden und empfangen zugleich, solange die Übertragung durch den Laserstrahl nicht durch Dritte gestört wird.

Das ist das Ideal einer tele-kommunikativen Situation. Ihre Realisierung setzt ein Verhältnis der beiden sich austauschenden Subjekte voraus, das man als freundliche Zuneigung zueinander formulieren kann.

In der Genealogie der Telematik kann man zwei Stränge beobachten, die sich mitunter berühren, die aber grundverschieden sind: einerseits die strategische Zurichtung und Beschleunigung der Kommunikation im Interesse der etablierten Apparate wie der Kirche, des Staates, der Banken oder des Militärs, andererseits die Entfaltung einer Kunst und Kultur der Verständigung unter Freunden, bei denen die Verabredung eines gemeinsamen Codes nicht mehr als einer formalen Übereinkunft bedarf. Als unbedingte Voraussetzung benötigt die Verständigung allerdings eine wechselseitige Feinfühligkeit und Achtung, die unbedingte Bereitschaft, sich auf den anderen einzulassen.

In einem Brief an Rudolf II., der einst in Prag viele Naturforscher, Magier und Alchemisten unterstützte, schlug der Neapolitaner della Porta um 1600 ein bizarres tele-grafisches Verfahren vor, das diesen Grundgedanken vortrefflich zum Ausdruck bringt, gerade wegen der ihm innewohnenden Unmöglichkeiten. Della Porta stellt es im Zusammenhang mit den Kräften der Fernwirkungen des Magnetismus dar, also im Prinzip als telepathisches Phänomen. In der *Magia Naturalis* hatte der Neapolitaner schon darauf verwiesen, dass sich die Nadeln zweier Kompasse auch über große Entfernungen gegenseitig beeinflussen ließen und man so einem Freund, der weit entfernt oder sogar im Gefängnis wäre, geheime Botschaften zukommen lassen könnte. In dem für den Kaiser in Prag geschilderten Beispiel geht es um die Fernverständigung auf der Basis einer Art Blutsbrüderschaft. Ich vernachlässige die akribische Beschreibung des *Sympathicums*, der besonderen Salbe, die nach della Porta unverzichtbar für die Durchführung des Experiments ist, und konzentriere mich auf die Anordnung selbst. Man nehme „zwei neue Messer und bestreiche sie mit dieser Salbe von der Spitze bis zum Griff [...] Die Freunde sollen an der gleichen Stelle des Körpers, zum Beispiel an den Unterarmen, Wunden haben. Die Wunden sollen immer neu und blutig gehalten werden [...] über der Wunde sollen zwei Kreise angebracht werden, ein großer und ein kleiner, der Größe der Wunde entsprechend. Rundherum soll das Alphabet geschrieben werden, und zwar in exakt derselben Reihenfolge und Weise und derselben Größe und demselben Umfang. Wenn du nun mit dem Freund sprechen willst, möge man das Messer über den Kreis halten, und der gewünschte Buchstabe soll mit der Spitze des Messers angestochen werden, dann wird der Freund den gleichen Stich auf seiner Wunde fühlen [...] Ich steche auf das V, und er wird das fühlen, dann steche ich auf das A, und er wird es wiederum fühlen, und so bei jedem einzelnen Buchstaben. Aber die Messer sollen mit dem Blut des anderen beschmiert sein, meines mit seinem und seines mit meinem Blut [...] Nachdem nun die Buchstaben aneinandergereiht sind, wird er den Gedanken deines Geistes wissen.“[8]

Ein Konzept des Austauschs ganz im Geiste der Freundschaft, der Schwestern- oder Brüderschaft, generiert durch die verbindende Kraft der Sympathie, die Idee völliger Kompatibilität von Sender- und Empfängerkörper und der Übertragung ihrer autonomen lokalen Energien. Hier ist die Möglichkeit nicht Schatten der Wirklichkeit, sondern das Unmögliche fordert das Mögliche heraus. Die Trennung als „das Alpha und Omega des Spektakels“[9] der Telekommunikation steht selbst zur Disposition.

Genauso wie in der Installation von Carsten Nicolai. Die Kühle ist ihr äußerlich. Verspiegelte Körper sind prinzipiell *coole* Körper. Aber jeder ist zugleich Projektionsfläche für die Ausstrahlungen des anderen, die aus dessen Leidenschaften resultieren. Die Trennung zwischen Subjekt und Objekt scheint aufgehoben. Zwischen den beiden gibt es keine Hierarchie. In der Zuneigung zueinander sind sie gleichberechtigt. Das ist die wichtigste Voraussetzung dafür, dass

Kommunikation funktionieren kann. Im 1. Jahrhundert vor unserer Zeit besang sie der griechische Naturphilosoph Lukrez nahezu hymnisch in seinem Gedicht „Welt aus Atomen (De rerum natura)“: „nam si abest quod ames, praesto simulacra tamen sunt … / Denn ist fern, was du liebst, sind gegenwärtig die Bilder…“.[10]

Wenn wir den Klängen aufmerksam zuhören, in die Carsten Nicolai die energetischen Aktivitäten der Solarzellen in seiner Installation umwandelt, dann können wir den poetischen Gesang des Atomisten Lukrez auch heute noch hören. Er erzählt von der Unmöglichkeit gelungenen Kommunizierens, welcher der Künstler den Vorrang vor der Realität sozialer Netzwerke gibt, die auf allen anderen möglichen Voraussetzungen basiert, nur nicht auf denen freundschaftlicher Beziehungen.

Berlin, um die Jahreswende 2017/18

anmerkungen

1 So lautet der Titel eines der ganz frühen Bücher über das Fernsehen, das Christoph Ries verfasste: *Sehende Maschinen. Eine kurze Abhandlung über die geheimnisvollen Eigenschaften der lichtempfindlichen Stoffe und die staunenswerten Leistungen der sehenden Maschinen*, Diessen bei München 1916.

2 Die zweite, überarbeitete Auflage, die diese Beschreibung enthält, erschien im lateinischen Original 1588. Ich benutzte hier die Frankfurter Ausgabe von 1607 und für das Zitat die Nürnberger Übersetzung von 1719 (S. 971).

3 Albert Abramson, „110 Jahre Fernsehen. ‚Visionen vom Fern-Sehen‘“, in: Edith Decker, Peter Weibel (Hg.), *Vom Verschwinden der Ferne. Telekommunikation in der Kunst*, Köln 1990, S. 148.

4 Ebd., S. 149.

5 Aus der Patentschrift Nipkows, hier zit. aus: Heide Riedel, *Fernsehen – Von der Vision zum Programm, 50 Jahre Programmdienst in Deutschland*, Berlin 1985, S. 19 ff.

6 Vgl. „Der Rosingsche Fernseher“, in: *Zeitschrift für Schwachstromtechnik*, Nr. 7, 1911, S. 172 f. Maria Barth hat im Auftrag des Verfassers 1998 in Petersburger Archiven die Arbeit Rosings recherchiert. Die hier enthaltenen Informationen basieren auf ihrem unveröffentlichten Bericht, der etliche russische Originalquellen enthält. Eine wichtige Informationsquelle war für sie der Aufsatz A. P. Kupajgorodskajas „Boris L. Rosing (1869–1933). Die letzten Lebensjahre“ in der russischen Anthologie *Persönlichkeiten der russischen Wissenschaft im 19. und 20. Jahrhundert. Historische Essays*, Bd. 3, St. Petersburg 1996, S. 73–95.

7 Vgl. Albert Abramson, „Pioneers of Television – Vladimir Kosma Zworykin“, in: *SMPTE Journal* (Journal der Society of Motion Pictures and Television Engineers) Juli 1981, S. 579 f.

8 Vgl. dazu ausführlich Zielinski, *Deep Time of the Media*, Boston, MA, 2006.

9 Guy Debord, *Die Gesellschaft des Spektakels*, Hamburg 1978, S. 25.

10 Lukrez in der Übersetzung von Karl Büchner, Stuttgart 1973, S. 333.

Telematics & Telepathy
Carsten Nicolai's *Seeing Speculators*

Siegfried Zielinski

In cinematography, the possibility of finally being able to project photographic recordings of real or staged events in two dimensions from combinations of light and shadow was celebrated. The basic idea of *seeing machines*,[1] on the other hand, was the achievement of something described as the concept and practice of *telepresence*. Two bodies – for example, two people – are at a considerable distance from each other. They actually want to be together, but it's impossible due to the circumstances. The perceiving body should at least be able to imagine itself in the place of the other, where it cannot physically be. Television means that the cameras and receiving equipment that are present see an event for the living bodies and allow us to participate illusively in it almost in real time.

Carsten Nicolai reduces the fundamental constellation of this distance encounter to the essentials. The two bodies, which the artist enables to enter into a dialogue with each other in his installation *tele*, are indeed in the same space, in the same world, so to speak – but at the same time they are separated from each other by a considerable distance. On the one hand, they communicate about their relationship, about their external similarity, and for themselves by being brought into contact with each other via a laser beam. The bodies have a unique constitution. They consist entirely of mirrors, those media of reflection and refraction that oscillate between magic, deception, beautiful illusion, and cold rationality, even as weapons. With the help of so-called concave mirrors, natural philosopher Archimedes once helped to destroy Greek warships besieging his hometown of Syracuse.

But what is this strange connection that presupposes the separation celebrated in this unique form of telematics? And what characteristics does Carsten Nicolai implement in his installation? In the search for possible answers to these questions, a brief media-archaeological investigation should help.

"From a perspective / so that one can see further / than one would like to imagine," wrote Neapolitan Giovanni Battista della Porta in his *Magia Naturalis*[2] and designed the concept for a "face=art," for an art of seeing with which one could "know well-known people / several miles away / and also people with dim-witted faces / read the smallest letters from afar." *Telescopy* was a term that could be used to describe the technical practice expressed by the pre-modernist natural philosopher somewhat circumstantially. His *Sehkunst* (art of seeing) primarily consisted of specific arrangements of mirrors that enabled a secret observer to see into a place or scene in which he himself was not visible.

Twenty years before the first cinematographic events of the nineteenth century, models were already conceived of in this prosthetic sense as *seeing* artifacts. Like the telephone with the voice, they now should enable the transportation of moving figures and faces anywhere. The discovery that the chemical element selenium changes its conductivity with changing light spurred the archaic concepts of image transfer. This finding became an essential part of the first era of new media. In 1877, selenium was used in a concept mentioned by Louis Figuier (1819–94) in a publication from 1878 under the title *Télectroscope*. Its transmitting device used wires to convert light into electrical impulses, which were to be reassembled into visible images on the side of the receiver.[3]

After the publication of this model, several designers tried to use selenium for image transmission. Maurice Leblanc (1857–1923) was one of the most successful. Three years later, he succeeded in developing a theoretical design that became significant to other systems of image transmission. A scanning mechanism consisting of two oscillating mirrors, which was installed on both the transmitting and receiving side, would capture the image and direct the light of the mirror image into a selenium cell. On the receiving side, two mica sheets should be moved via the signal and the light of an incandescent lamp should be guided analogously to the transmitting device.[4]

In contrast, the concept of the conservative Berlin-born Paul Nipkow, after whom the Nazis later named their first public television service, was rather retrogressive. Inspired by the invention of the telephone, he patented his *electric telescope* in 1884 for the "remote visualization of images" to "make an object located at location A visible at any other location B" at the same time.[5] The principle of scanning images line by line with the aid of a quickly rotating disk, which contained recessed concentric holes to allow the light to pass through the lens, enabled a cumbersome mechanical television with low resolution. And it was actually used until the 1930s.

However, the concept was not suitable for a fast moving image machine running synchronously at high speeds in a telematic context. The sluggish mechanical-physical elements inside the television operating system also had to be replaced by something like an extremely fast-acting soul: an almost inertialess control instrument for the fine beams of light that successively – and imperceptible to normal perception – wrote the images.

The foundations were laid in the nineteenth century. A departure into the new physics of an observation-relative space-time-structure provided the necessary worldview. In 1897, in the *Annals of Physics and Chemistry*, Ferdinand Braun published his "On a Method of Demonstrating and Studying the Time Dependence of Variable Currents," with the cathode ray tube as the technical core. Initially, it was used irreverently as a fast-reacting display and observation instrument. However, around the turn of the twentieth century, the first attempts were made to further develop it into a universal instrument for the rapid writing of electronic images.

One of the inspiring locations for these early experiments with electronic television was Russia's St. Petersburg, especially the Physics Institute at the Konstantinovskiy Artillery School. It had become a breeding ground for the international development of the electronic television. Boris L. Rosing was a Professor of Electrochemistry and Electrophysics there. He studied at the Faculty of Mathematics and Physics of the Technical University of St. Petersburg and wrote his doctoral thesis in 1893 on "Researching the Effects of Magnetization in Materials." Magnetism and electrolysis were the focal points of his work as a young researcher. At the artillery school, he focused on developing a new system for accumulators and technical solutions for the remote transmission of images. His first experiments were with the projection of visual signs in silvery electrolysis baths, whose floors were connected to each other by five cables, a kind of visual electrochemical writing telegraph. Each contact was intended for an image signal. At the turn of the century, he began to experiment with Braun's tubes. In 1902 he used the tube with the electron beam on the receiver side, while still using the electrochemical elements for the transmitter side. In 1906 he designed a complete system with electron tubes for the transmission of simple still images. Through 1907, Rosing honed the apparatus with mirror drums as a scanner, manipulating the light intensities of the tube to such an extent that he could theoretically construct semitones and rudimentary movements in a resolution of twelve lines. He had this system patented in Germany under the number 209320.[6] In 1911, he achieved the first long-distance transmissions of moving images in color with the system.

The electronic television was brought early to market in the 1920s and 1930s in two developed capitalist countries, the United States and the United Kingdom. Isaac Schoenberg and especially Vladimir Kosma Zworykin were the champions of its technological development. Both studied with Boris Rosing in St. Petersburg before the Russian Revolution. Schoenberg emigrated to England and was responsible for the development of electronic television at Thorn-EMI. Zworykin worked with Rosing between 1910 and 1912 when he experimented with practical improvements of his cold cathode tube system. In 1917 Zworykin was commissioned by the Russian Marconi Society in St. Petersburg to set up a laboratory for the electronic television. After a brief period in Paris, he emigrated to the United States in 1918, where he worked under excellent conditions at the Radio Corporation of America (RCA) for the development of the *Iconoscope*, the first fully functional electronic camera.[7]

Mirrors and beams – you don't need more to be able to install televisions. However, their boundless generation and dissemination require a good portion of computer science. Carsten Nicolai puts the interior of the electronic operating system of television outside into the exhibition space. The mirror for deflection and controlling the energy bundles adhere externally to the bodies acting in dialogue. However, in contrast to Braun's tube, his installation does not have a light source that scans the body that is to be transmitted. Both speculative bodies send and receive simultaneously, as long as the transmission by the laser beam is not disturbed by third parties.

This is the ideal telecommunication situation. Its realization presupposes a relationship between the two exchanging subjects, which could be understood as a friendly affection for each other.

In the genealogy of telematics, it is possible to observe two strands that occasionally touch on each other, but are fundamentally different: on the one hand, the strategic preparation and acceleration of communication in the interest of the established apparatuses such as the church, the state, banks, or the military, on the other hand, the development of an art and culture of understanding among friends, where the appointment of a common code does not require more than a formal agreement. As an absolute prerequisite, however, understanding requires mutual sensitivity and respect, the unconditional willingness to be involved with others.

Around 1600, in a letter to Rudolf II, who once supported many naturalists, magicians, and alchemists in Prague, the Neapolitan della Porta proposed a bizarre telegraphic process that perfectly expresses this basic idea, precisely because of its inherent impossibilities. Della Porta presents it in connection with the forces of the distant effects of magnetism, principally as a telepathic phenomenon.
In *Magia Naturalis*, the Neapolitan pointed out that the needles of two compasses could be interfered with over great distances and that one could send secret messages to a friend who was far away or even in prison. The example described for the emperor in Prague deals with long-distance communication by a kind of blood brotherhood. I'll ignore the meticulous description of the *Sympathicum*, the special ointment which, according to della Porta, is indispensable for carrying out the experiment and concentrate on the arrangement itself. Take "two new knives and smear the salve from the point to the handle. ... The friends must have wounds on the same part of the body, for example, on the lower part of the arm. The wounds must be kept fresh and bloody ... above the wound, two circles must

be drawn, a greater and a smaller, proportionate to the size of the wound. Around this, the letters of the alphabet are written in exactly the same order and manner, size and scale. If you desire to speak with your friend, you must hold the knife over the circle and then pierce the selected letter with its point… your friend will feel the same piercing pain on his wound. … I prick the V and he feels it, then I prick the A and he feels it, and so forth, with each separate letter. However, the knives must be smeared each with the blood of the other, mine with his and his with my blood. … Now after all the letters have been assembled, he will know the thoughts of your mind."[8]

A concept of exchange entirely in the spirit of friendship, sisterhood or brotherhood, generated by the unifying power of sympathy, the idea of complete compatibility of the bodies of transmitter and receiver and the transmission of their autonomous local energies. Here the possibility is not a shadow of reality, rather the impossible challenges the possible. The separation as "the alpha and omega of the spectacle"[9] of telecommunications is up for discussion.

The same is seen in Carsten Nicolai's installation. The coolness is external. Mirrored bodies are basically *cool* bodies. At the same time, each is a projection surface for the broadcasts of the other, which result from its passions. The distinction between subject and object seems to be removed. There is no hierarchy between the two. They are equal in their attachment to each other. This is the most important prerequisite for communication to work. In the first century BC, the Greek natural philosopher Lucretius sang it almost eulogistically in his poem "On the Nature of Things (De rerum natura)": "nam si abest quod ames, praesto simulacra tamen sunt … / For if the object of your love is absent, yet images of it are present…"[10]

If we listen carefully to the sounds that Carsten Nicolai transforms into the energetic activities of the solar cells in his installation, then we can still hear the poetic singing of atomist Lucretius today. He talks about the impossibility of successful communication, which the artist gives precedence over the reality of social networks, which are based on all other possible conditions except friendly relationships.

Berlin, at the turn of the year 2017/18

notes

1 This is the title of one of the very early books on television written by Christoph Ries: *Sehende Maschinen. Eine kurze Abhandlung über die geheimnisvollen Eigenschaften der lichtempfindlichen Stoffe und die staunenswerten Leistungen der sehenden Maschinen* [Seeing Machines. A short essay about the mysterious properties of light-sensitive fabrics and the amazing performances of the seeing machines], Diessen near Munich, 1916.

2 The second, revised edition containing this description was published in the Latin original in 1588. For this essay, the author refers to the 1607 Frankfurt edition and the 1719 Nuremberg translation (p. 971).

3 Albert Abramson, "110 Jahre Fernsehen, 'Visionen vom Fern-Sehen,'" in Edith Decker, Peter Weibel (Ed.), *Vom Verschwinden der Ferne. Telecommunications in der Kunst*, Cologne 1990, p. 148.

4 Ibid., p. 149.

5 From Nipkov's patent specification, quoted here: Heide Riedel, *Fernsehen – Von der Vision zum Programm, 50 Jahre Programmdienst in Deutschland*, Berlin 1985, p. 19 ff.

6 Cf. "Der Rosingsche Fernseher," in *Zeitschrift für Schwachstromtechnik*, no. 7, 1911, p. 172 f. Maria Barth researched the work of Rosing in St. Petersburg archives on behalf of the author in 1998. The information contained herein is based on her unpublished report, which contains several original Russian sources. An important source of information for her was the essay by A. P. Kupajgorodskaya's "Boris L. Rosing (1869–1933). Die letzten Lebensjahre," in *Persönlichkeiten der russischen Wissenschaft im 19. und 20. Jahrhundert. Historische Essays*, vol. 3, St. Petersburg, 1996, pp. 73–95.

7 See Albert Abramson, "Pioneers of Television – Vladimir Kosma Zworykin," in *SMPTE Journal* (Journal of the Society of Motion Pictures and Television Engineers) July 1981, p. 579 f.

8 See also Zielinski, *Deep Time of the Media*, Boston, MA, 2006, p. 76.

9 Guy Debord, *The Society of the Spectacle*, Detroit, MI, 1970, p. 25.

10 Lucretius in the translation by Robert D. Brown, New York, NY, 1987, pp. 150–151.

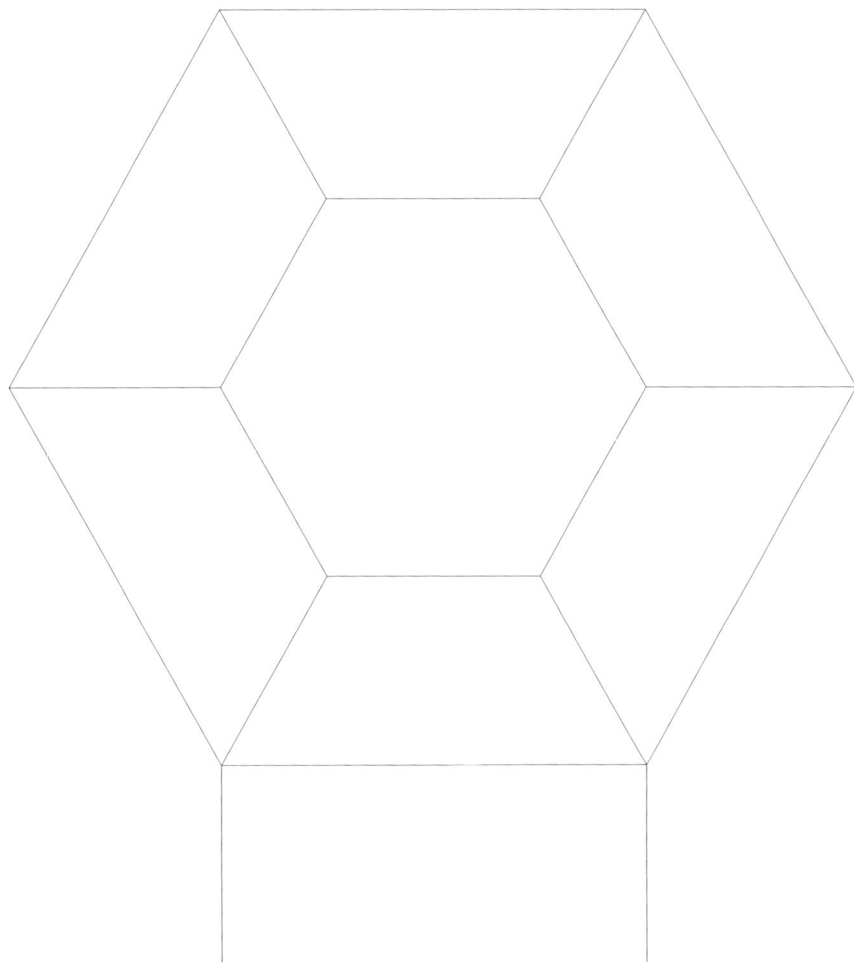

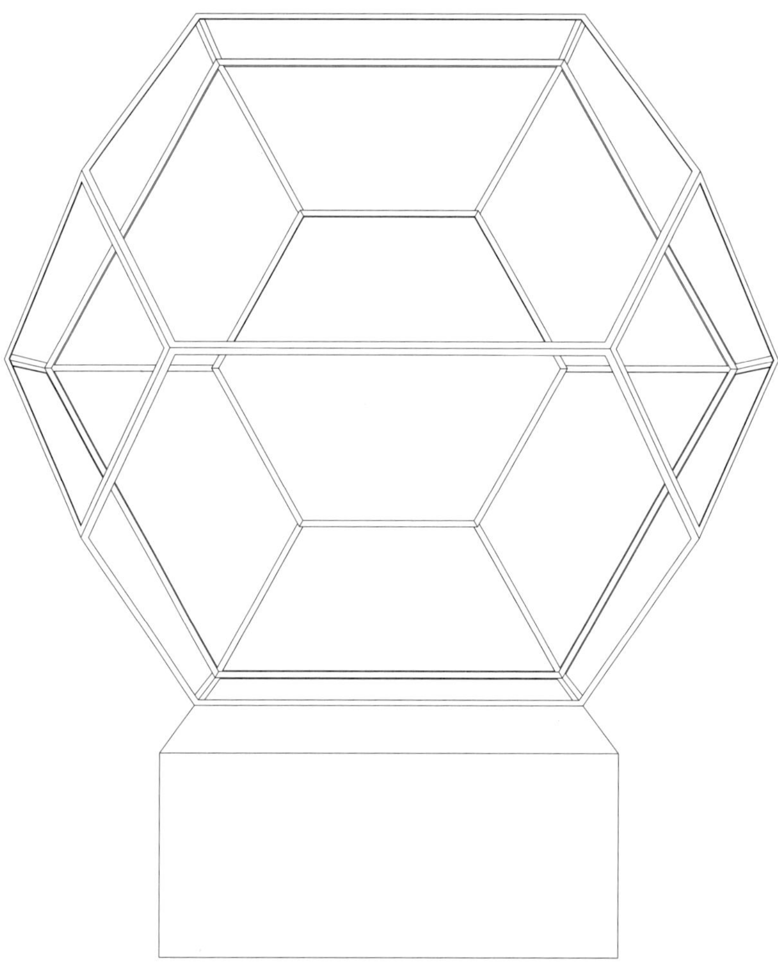

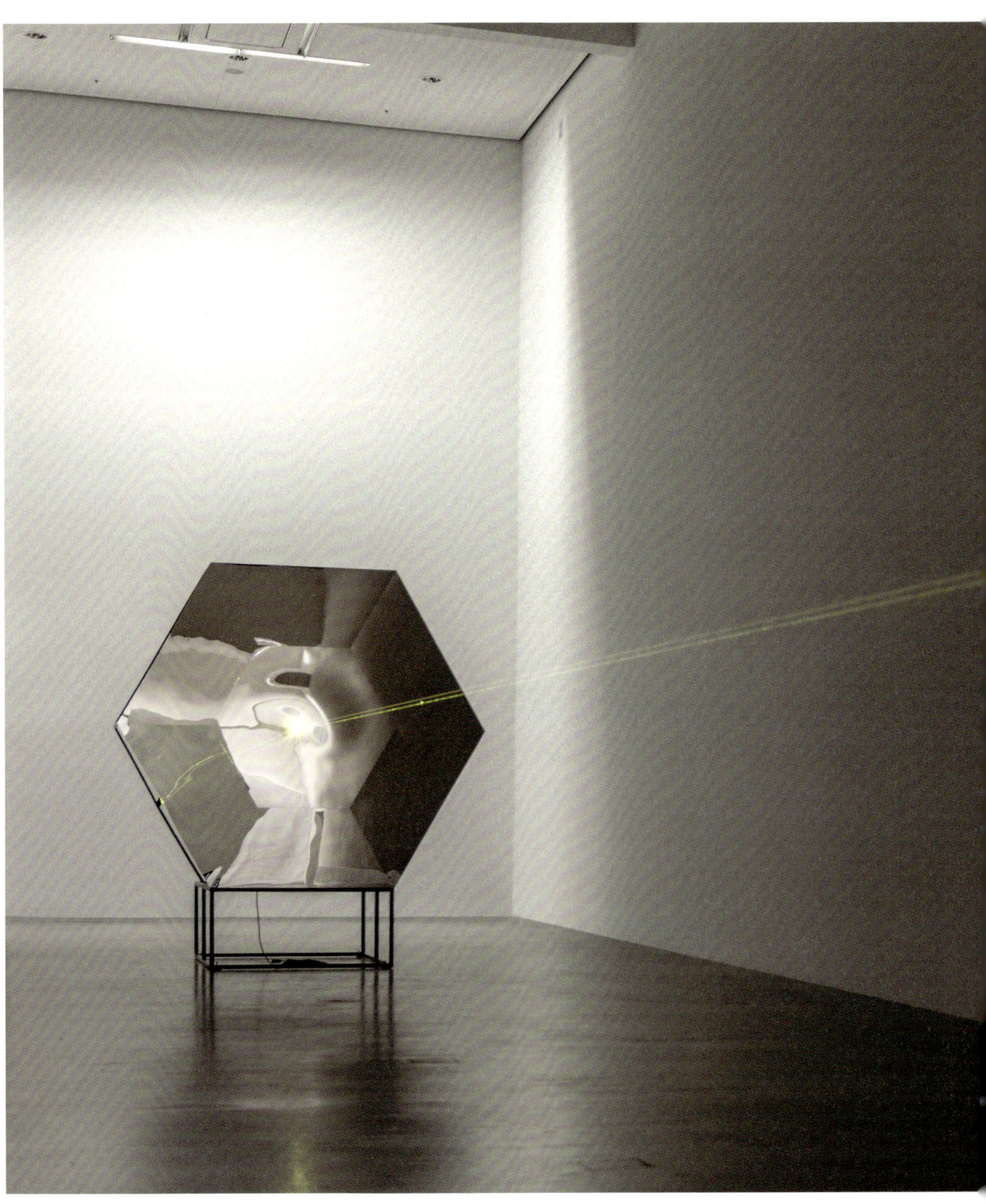

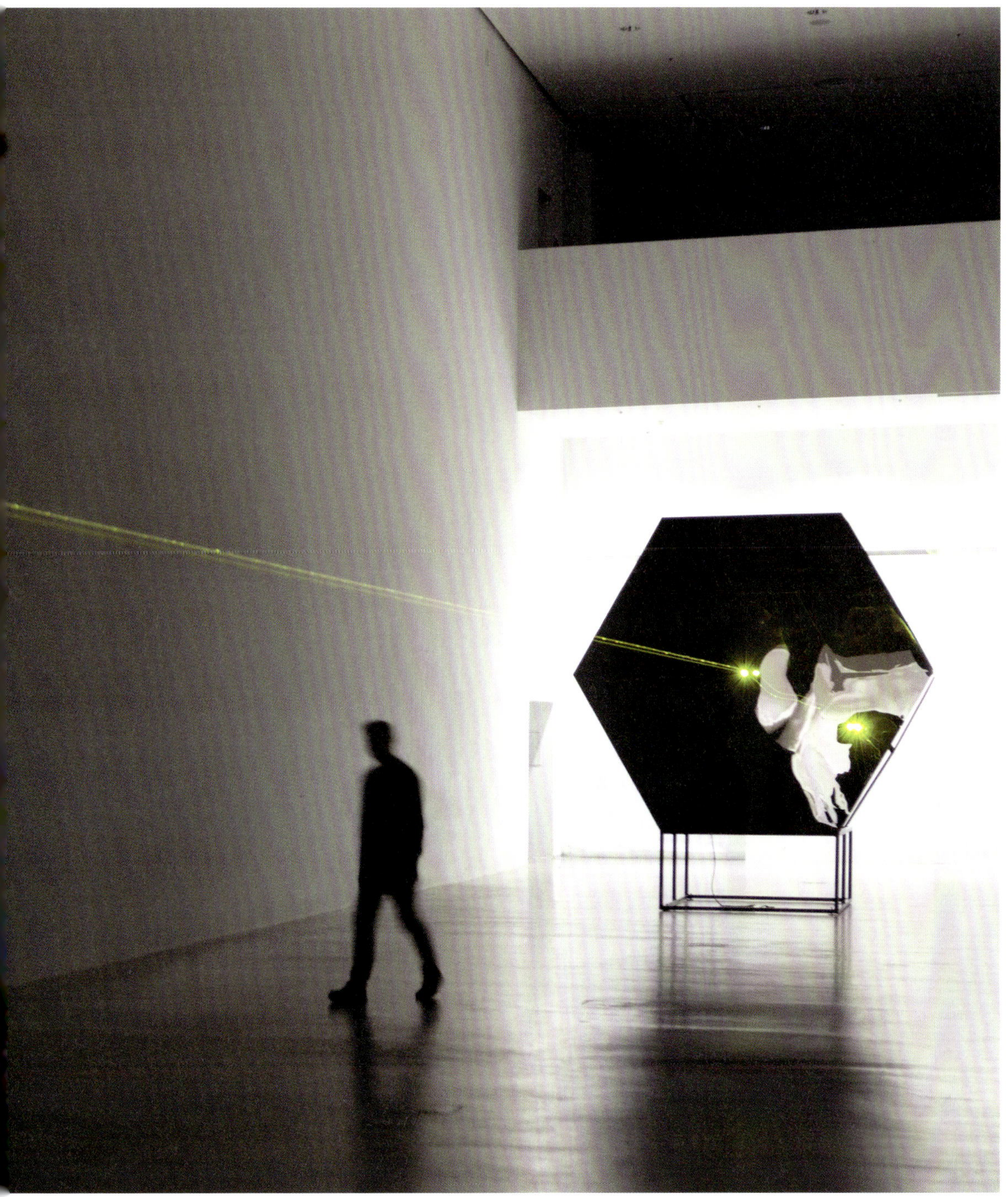

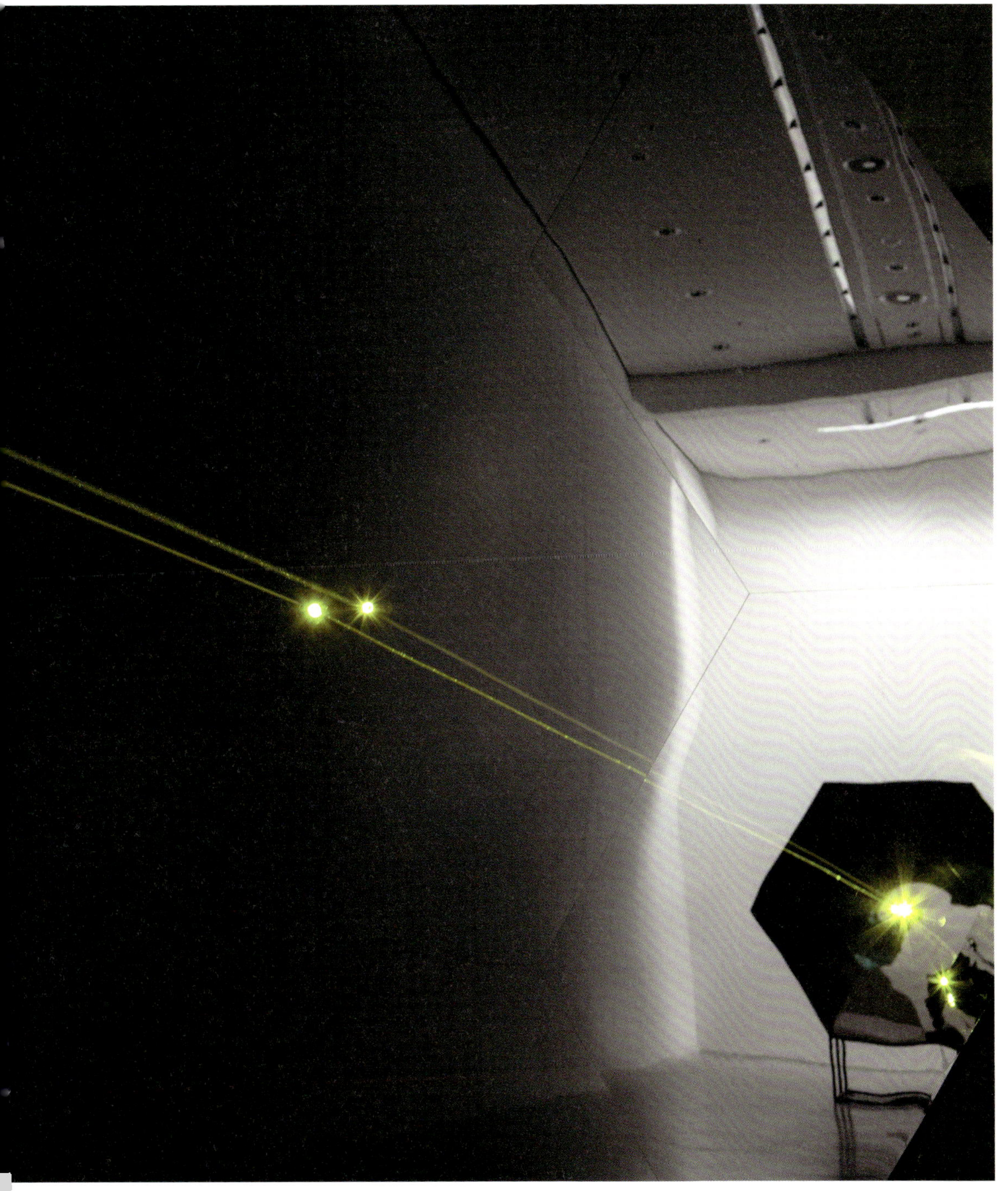

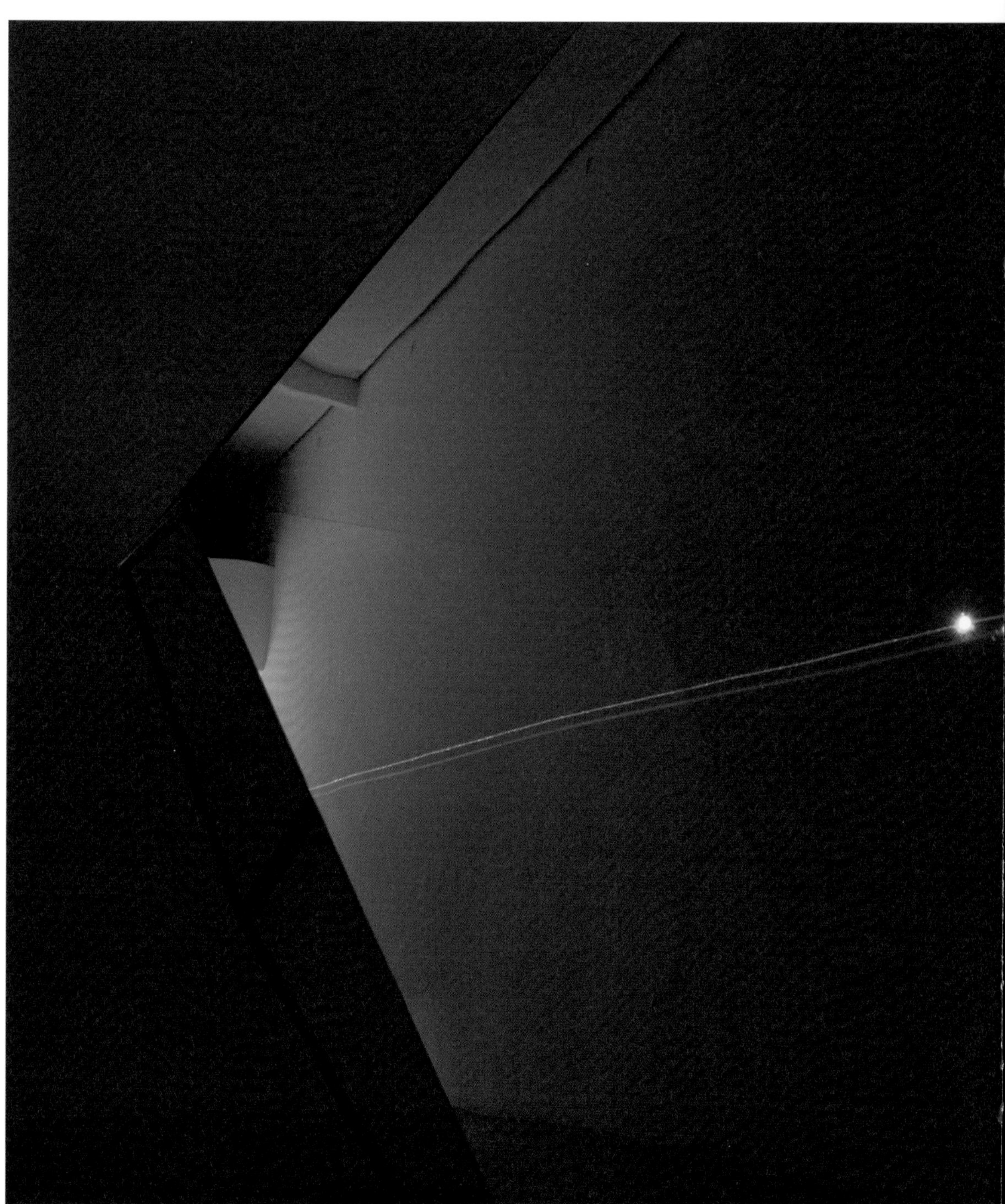

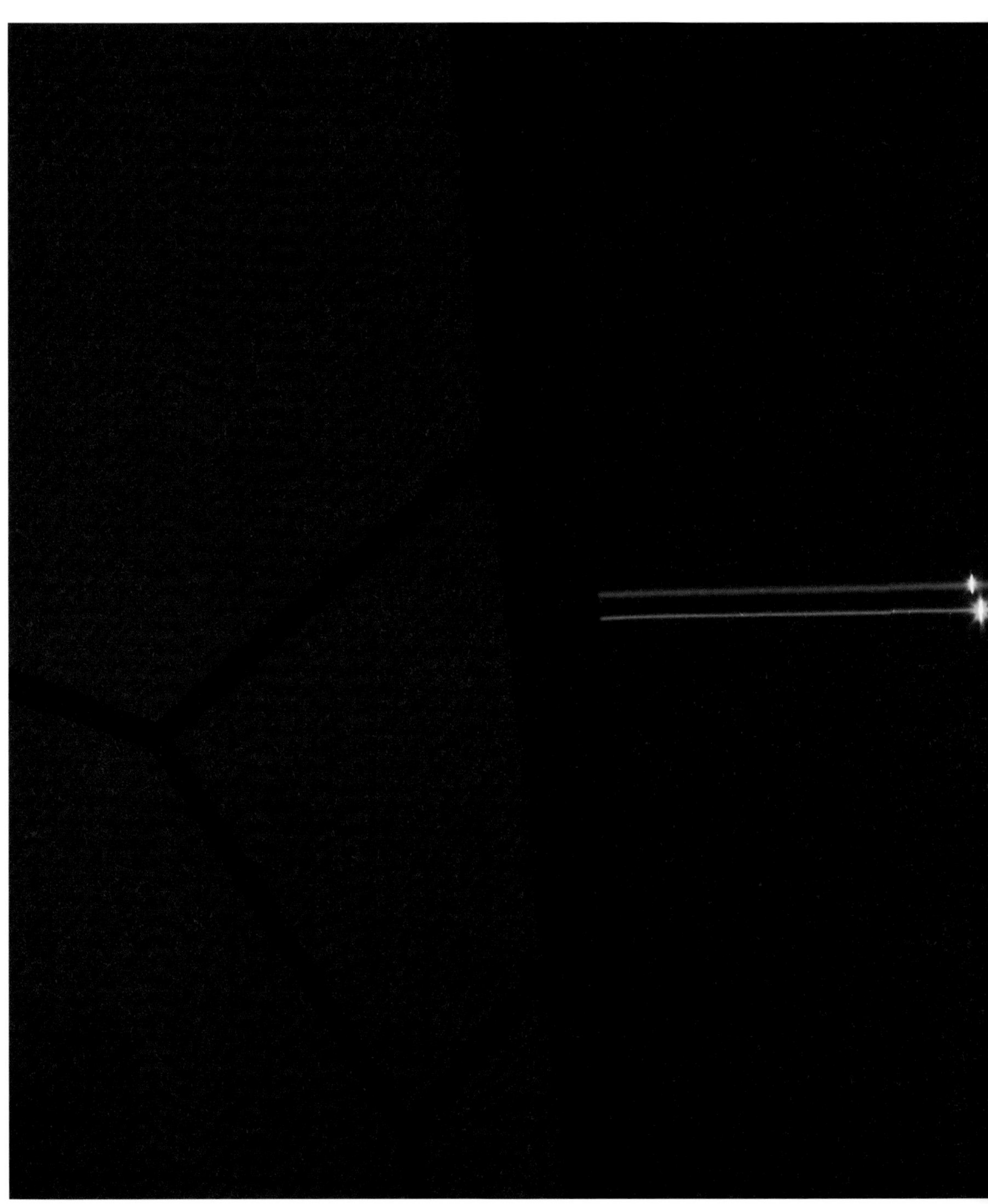

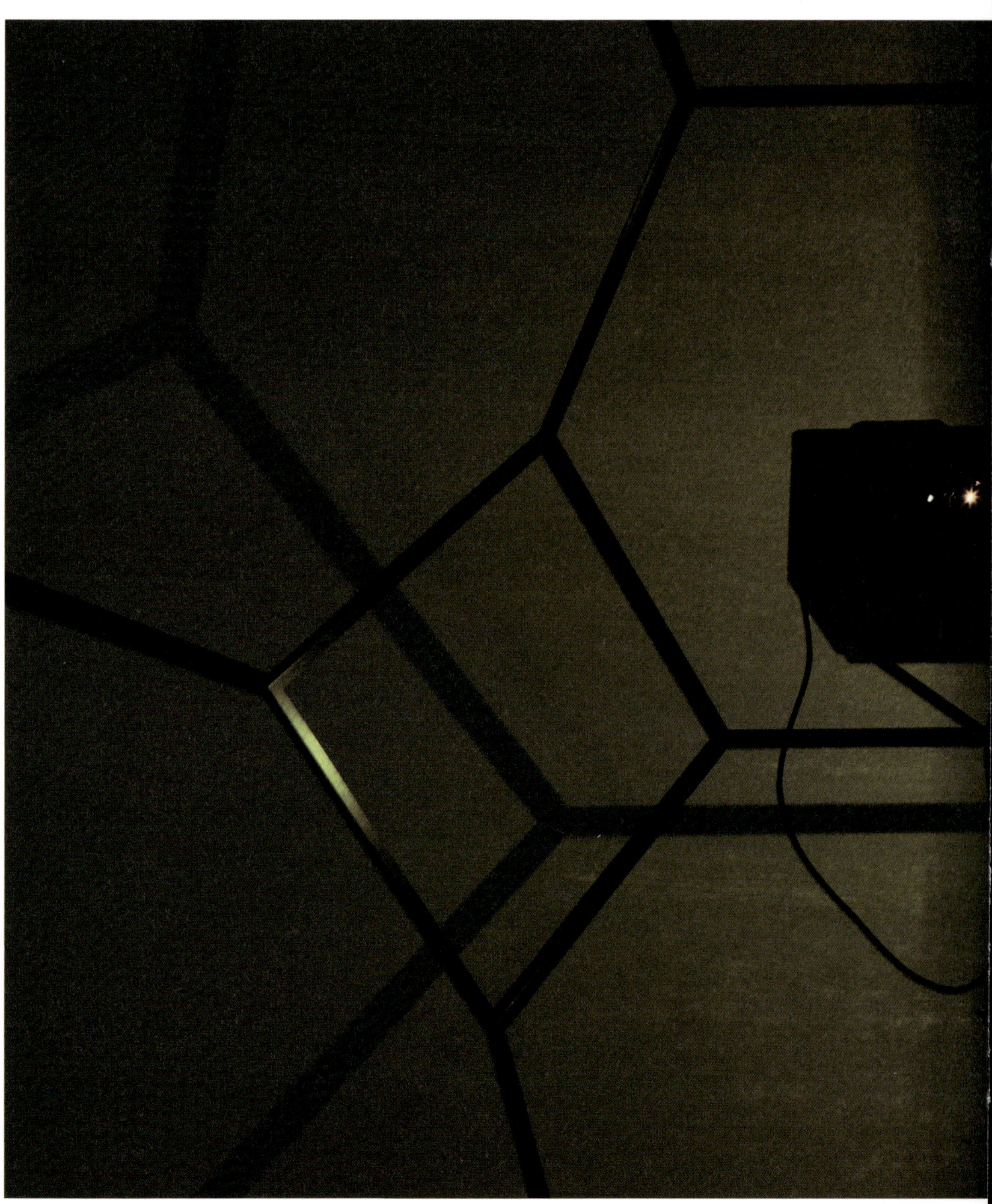

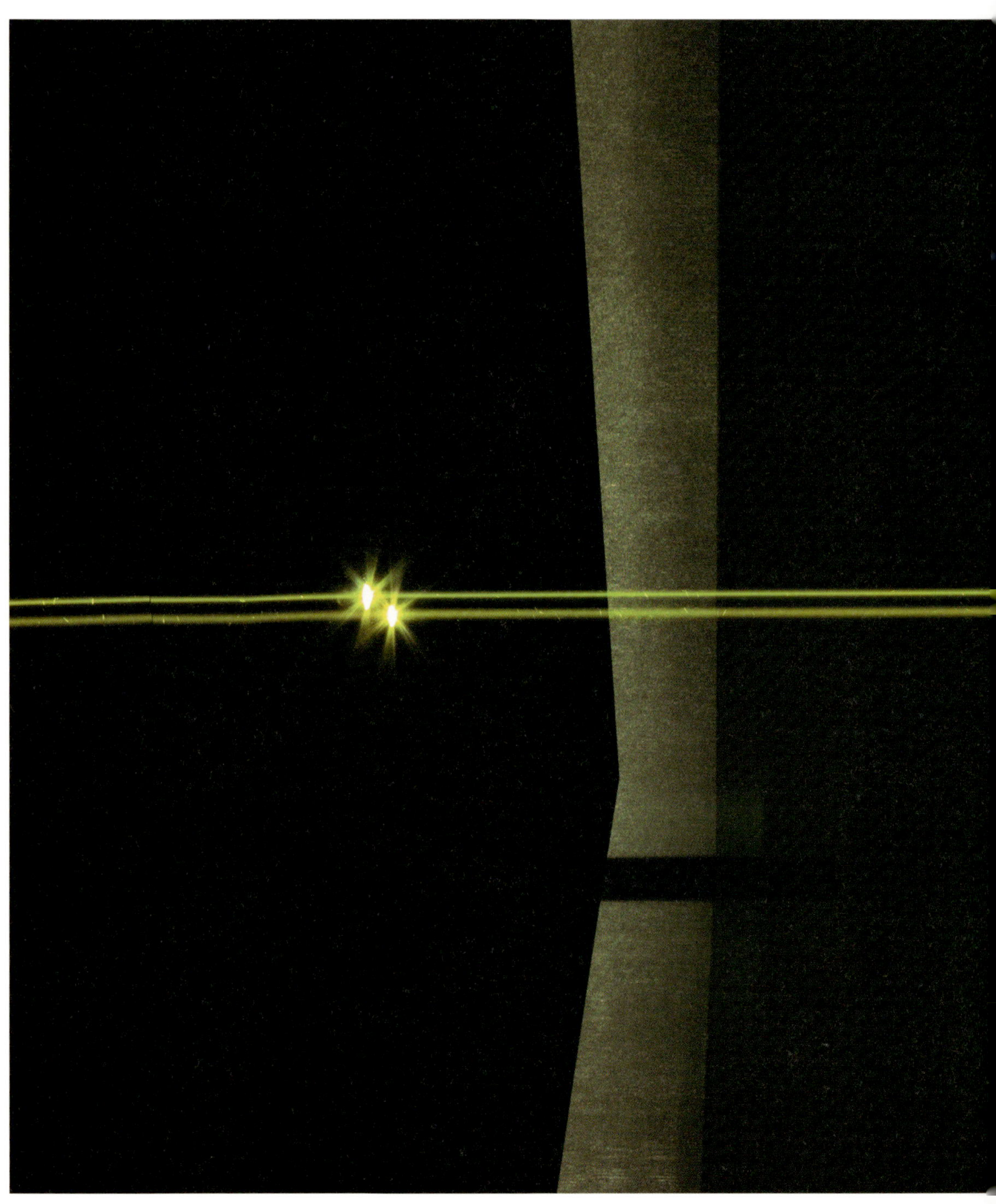

Carsten Nicolai

(geb. 1965 in Karl-Marx-Stadt, heute Chemnitz) lebt und arbeitet in Berlin. Nicolai setzt sich – inspiriert von wissenschaftlichen Referenzsystemen – unter anderem mit mathematischen Mustern wie Grids und Codes, Fehler- und Zufallsstrukturen sowie mit dem Phänomen der Selbstorganisation auseinander. Dabei überwindet er immer wieder die Grenzen zwischen den verschiedenen künstlerischen Genres.

(b. 1965 in Karl-Marx-Stadt, today Chemnitz) lives and works in Berlin. Inspired by scientific reference systems, Nicolai explores mathematical patterns such as grids and codes, error and random structures, as well as the phenomenon of self-organization. In doing so, he continually breaks down the boundaries between various artistic genres.

preise/stipendien (auswahl) / awards/scholarships (selection)

2014 Grand Prize Japan Media Arts Festival, Tokyo, JP
2012 Giga-Hertz-Preis, ZKM I Zentrum für Kunst und Medientechnologie, Karlsruhe, DE
(*cyclo. id*, Publikation mit / publication with Ryoji Ikeda)
2007 Zurich Art Prize, verliehen von / awarded by Zurich Insurance Group und / and Haus Konstruktiv, Zürich, CH
Stipendium / Scholarship Villa Massimo, Roma, IT
2003 Stipendium / Scholarship Villa Aurora, Los Angeles, CA, US
1990 Preis der / Prize of Jürgen Ponto-Stiftung, Frankfurt am Main, DE

einzelausstellungen (auswahl) / solo exhibitions (selection)

2018 *tele*, Berlinische Galerie, Berlin, DE
2017 *autonomo*, Ibid Gallery, Los Angeles, CA, US
parallax, Ichihara Lakeside Museum, Ichihara, JP
unicolor, Galerie EIGEN + ART Leipzig, DE
organ, Internationale Bauausstellung (IBA) Thüringen, DE
2016 *unidisplay*, Copenhagen Contemporary, København, DK
reflektor distortion, Galerie EIGEN + ART Berlin, DE
black absorb pol, Seibu Shibuya, Tokyo, JP
2015 *strange attractors*, Borusan Contemporary, Istanbul, TR
ur-geräusch, Kunstverein Braunschweig, DE
unidisplay, Kunstmuseum Stuttgart, DE
unicolor, The Vinyl Factory, London, UK
unitape, Kunstsammlungen Chemnitz, DE
bausatz noto ∞, Art Front Gallery, Tokyo, JP
2014 *alpha pulse*, ICC International Commerce Center Hong Kong, Art|Basel, Hong Kong, CN
unidisplay, SonarPLANTA, The Sorigué Foundation, Barcelona, ES
2013 *crt mgn*, Galerie EIGEN + ART Berlin, DE
observatory, Ibid Gallery, London, UK
unidisplay, MMK Museum für Moderne Kunst, Frankfurt am Main, DE
empty garden, The Hole Gallery, Praha, CZ
2012 *unidisplay*, HangarBicocca, Mailand, Italien; International Digital Arts Biennial, MAC Musée d'art contemporain de Montréal, CA

2011	*filter*, House of Art, Budweis, CZ
	pionier, Galerie EIGEN + ART Leipzig; Pace Gallery New York, NY, US
	interferenz, gelbe MUSIK, Berlin, DE
	pionier, Contemporary Art Center (CAC) Vilnius, LT
	unitxt mirrored, Galleria Lorcan O'Neill, Roma, IT
2010	*Carsten Nicolai*, MAGA Gallarate Art Museum, IT
	scaler, Hendrik Christian Andersen Museum, Roma, IT
	polar m [mirrored], mit / with Marko Peljhan, YCAM Yamaguchi Center for Arts and Media, Yamaguchi, JP
	moiré, PaceWildenstein, New York, NY, US
	autoR, Temporäre Kunsthalle, Berlin, DE
	Rosenkranz (Kubus) VIII: Carsten Nicolai: rota, Museum der bildenden Künste Leipzig, DE
2009	*pionier II*, Piazza del Plebiscito, Napoli, IT
	aoyama space, Kunstraum Innsbruck, Österreich, AT
	klang/zeit/räume, Haus ZwischenZeit, Basel, CH
	rota, Schering Stiftung, Berlin, DE
	unitxt, Sketch, London, UK
2008	*anti reflex*, Hamburger Kunsthalle, Hamburg, DE
	tired light, Galerie EIGEN + ART Berlin, DE
2007	*static fades*, Museum Haus Konstruktiv, Zürich, CH
	static balance, PaceWildenstein, New York, NY, US
	zone, Base – Progetti per l'arte, Firenze, IT
2006	*polylit*, Kunstmuseum Stuttgart, DE
2005	*syn chron*, YCAM Yamaguchi Center for Arts and Media, Yamaguchi, JP
	inver, Galerie EIGEN + ART Leipzig, DE
	anti reflex, Schirn Kunsthalle, Frankfurt am Main, DE
	syn chron, Neue Nationalgalerie, Berlin, DE
2003	*funken*, Galerie EIGEN + ART Berlin, DE
2002	*parallel lines cross at infinity*, Watari Museum of Contemporary Art, Tokyo, JP
2001	*frozen water*, Kunstsammlungen Chemnitz, DE
	snow noise, Art Gallery of New South Wales, Sydney, AU
	visuelles feld, Galerie EIGEN + ART Berlin, DE
	milch, Milch, London, UK
2000	*polar*, mit / with Marko Peljhan, Canon ARTLAB, Tokyo, JP
1998	*polyfoto*, GfZK Galerie für Zeitgenössische Kunst, Leipzig, DE
1996	The New York Kunsthalle, New York, NY, US
1995	*SPIN & KÄFIG*, Kunstverein Konstanz, DE
1994	*twin*, Neue Nationalgalerie, Berlin, DE
1993	*corpus*, Städtische Kunstsammlungen Chemnitz, DE
1992	*Ananta*, Voxxx Galerie, Chemnitz, DE
	Running Sap, Galerie EIGEN + ART Berlin, DE
1991	*Magica II*, KW Institute for Contemporary Art, Berlin, DE
	AUG, Galerie EIGEN + ART Leipzig, DE
1990	*Hand*, Produzentengalerie Oscar, Chemnitz, DE
1986	*der Keller*, Galerie EIGEN + ART Leipzig, DE

gruppenausstellungen (auswahl) / group exhibitions (selection)

2017 *Datumsoria: The Return of the Real*, ZKM I Zentrum für Kunst und Medientechnologie, Karlsruhe, DE
How beautiful it is and how easily it can be broken, S.M.A.K., Gent, BE
unREAL. Die algorithmische Gegenwart, Haus der elektronischen Künste, Basel, CH
EXTENDED COMPOSITIONS, Pasquart Kunsthaus, Biel, CH
ghost in the machine, Federkiel München, DE
2016 *Klappe eins, Affe tot…*, KUNSTSAELE Berlin, DE
Resound, Simons Center for Geometry and Physics, New York, NY, US
Datumsoria: The Return of the Real, Chronus Art Center, Shanghai, CN
Wrap around the time, Nam June Paik Art Center, Yongin-si, Gyeonggi-do, KR
ghost in the machine, EIGEN + ART Lab, Berlin, DE
OTIC, New Media Gallery, Anvil Centre, New Westminster, CA
Wohin mit der Schönheit?, Städtische Galerie Dresden, DE
unidisplay, Copenhagen Contemporary, København, DK
Geniale Dilletanten. Subkultur der 1980er-Jahre in Deutschland, Haus der Kunst, München, DE
2015 *Eppur si muove*, Musée d'Art Moderne Grand-Duc Jean, Luxembourg, LU
Walk the Line / Neue Wege der Zeichnung, Kunstmuseum Wolfsburg, DE
Simple Forms: Contemplating Beauty, Mori Art Museum, Tokyo, JP
Listening to the Lines, Maison Hermès Ginza le Forum, Tokyo, JP
Gegen den Strich, Kunstmuseum Dieselkraftwerk Cottbus, DE
Short Cuts, Centre PasQuart, Biel, CH
Quantum of Disorder, Haus Konstruktiv, Zürich, CH
Extended Compositions, Kunstquartier Bethanien, Berlin, DE
2014 National Museum of Modern and Contemporary Art, Seoul, KR
Reines Wasser, LENTOS Kunstmuseum Linz, AT
One Place Next To Another, Winzavod Centre for Contemporary Art, Moskva, RU
Art or Sound, Fondazione Prada, Venezia, IT
City and Nature, Sapporo International Art Festival, Sapporo, JP
2013 *Soundings*, MoMA Museum of Modern Art, New York, NY, US
ARCTIC, Louisiana Museum of Modern Art, Humlebæk, DK
Noise, 55. Esposizione Internazionale d'Arte, Venezia, IT
System und Sinnlichkeit. Die Sammlung Schering Stiftung: Zeitgenössische Zeichenkunst von Tom Chamberlain bis Jorinde Voigt, Kupferstichkabinett, Berlin, DE
2012 Copenhagen Art Festival, Den Frie Center of Contemporary Art, København, DK
Echigo Tsumari Triennial, Echigo-Tsumari Satoyama Contemporary Art Museum, Tokamachi, JP
Punkt.Systeme. Vom Pointillismus zum Pixel, Wilhelm-Hack-Museum, Ludwigshafen, DE
A House Full of Music, Mathildenhöhe, Darmstadt, DE
Tokyo Art Meeting: Search for New Synesthesia, Museum of Contemporary Art, Tokyo, JP
International Digital Arts Biennial, MAC Musée d'art contemporain de Montréal, CA
Sound Art. Klang als Medium der Kunst, ZKM I Zentrum für Kunst und Medientechnologie, Karlsruhe, DE
Rasterfahndung, Kunstmuseum Stuttgart, DE
Wunderkammer, Autocenter, Berlin, DE
2011 *Of Bridges & Borders. Capitulo V. De lo Real a lo Surreal*, Museo de Arte Moderno de Buenos Aires, AR
Yokohama Triennale, Yokohama, JP
die sammlung neue kunst V, H2 – Zentrum für Gegenwartskunst im Glaspalast, Augsburg, DE
Translife: The National Museum of China Triennial of Media Art, National Art Museum of China, Beijing, CN
Rudolf Steiner und die Kunst der Gegenwart, Kunstmuseum Stuttgart; DOX Center of Contemporary Art, Praha, CZ

2010	*Passages. Travels in Hyperspace. A Selection of Works from the Thyssen-Bornemisza*, Contemporary Art Collection, LABoral Centro de Arte y Creación Industrial, Gijón, ES
	Chromatologies, Rotherham Arts Center, Rotherham, UK
	Incheon International Digital Art Festival, Incheon, KR
	ARTe SONoro, La Casa Encendida, Madrid, ES
	Space Inventions – Der künstliche Raum, Künstlerhaus Wien, AT
	Second Nature Festival, Fondation Vasarely, Aix-en-Provence, FR
	RuhrTriennale, Dortmund, DE
	Missing Link, Parallel Voices, London, UK
	Theorie de Modèles, Haute École d'Art et de Design Genève, CH
	Julia Stoschek Collection, Deichtorhallen Hamburg, DE
	Interference, Moderna Museet, Stockholm, SE
2009	*The Kaleidoscopic Eye: Thyssen-Bornemisza Contemporary Art Collection*, Mori Art Museum, Tokyo, JP
	Zeigen. Eine Audiotour durch Berlin von Karin Sander, Temporäre Kunsthalle Berlin, DE
	Barock, Museo Madre Napoli, IT
	See this Sound. Versprechungen von Bild und Ton, LENTOS Kunstmuseum Linz, AT
	Chapter Two, About Change, Collection, Berlin, DE
	Berlin 2000, PaceWildenstein, New York, NY, US
2008	*On the sensations of sound*, Stedelijk Museum De Lakenhal, Leiden, NL
	Vom Klang der Kunst. Tonspur_expanded, MuseumsQuartier, Wien, AT
	Beyond Measure: Conversations Across Art and Science, Kettle's Yard, University of Cambridge, UK
	Open Space, NTT InterCommunication Center, Tokyo, JP
	Collection Exhibition, 21st Century Museum of Contemporary Art Kanazawa, JP
	KW – Hommage à Klaus Werner, GfZK Galerie für Zeitgenössische Kunst, Leipzig, DE
2007	*Space for your Future*, MOT Museum of Contemporary Art, Tokyo, JP
	Konstellationen II. Von Gerhard Richter bis Carsten Nicolai, Städel Museum, Frankfurt am Main, DE
	Second Moscow Biennale of Contemporary Art, Moskva, RU
	Marta schweigt, Marta Herford, DE
2006	*Landschaft*, Galerie EIGEN + ART Berlin, DE
	SITE Santa Fe 6th International Biennial, Santa Fe, NM, US
	Singapore Biennale, Singapore, SG
	Constructing New Berlin, Phoenix Art Museum, Phoenix, AZ, US
	Sonambiente Festival, Berlin, DE
2005	*Sounds like Drawing*, The Henry Moore Foundation, Herfortshire, UK
	Open Nature, NTT InterCommunication Center, Tokyo, JP
	Resonanzen. Körper im elektromagnetischen Feld, ZKM | Zentrum für Kunst und Medientechnologie; Städtische Galerie Karlsruhe, DE
	Schrift. Zeichen. Geste. Carlfriedrich Claus im Kontext von Klee bis Pollock, Kunstsammlungen Chemnitz, DE
2004	*Densité ±0*, École Nationale des Beaux Arts, Paris, FR; Fribourg, CH
2003	50. Biennale di Venezia, IT
	Berlin-Moskau / Moskau-Berlin 1950–2000, Martin-Gropius-Bau, Berlin, DE
2002	*Frequenzen (hz)*, Schirn Kunsthalle, Frankfurt am Main, DE
2001	49. Biennale di Venezia, IT
	Wild Zone, Witte de With, Rotterdam, NL
	7th Istanbul Biennial, Istanbul, TR
	Quobo, Art in Berlin 89–99, Hamburger Bahnhof, Berlin, DE
2000	*Volume*, PS 1, New York, NY, US
	Audible Light, Museum of Modern Art, Oxford, UK
1999	Liverpool Biennial, Liverpool, UK
1997	documenta X, Kassel, DE

Anne Bitterwolf

Seit 2013 kuratorische Referentin des Direktors an der Berlinischen Galerie. Studium der Neueren deutschen Literatur, Kunstgeschichte und Kommunikationswissenschaften in Berlin und Neapel. 2012 freie Mitarbeit im Künstlerischen Büro der KW Institute for Contemporary Art, Berlin. 2012–2013 Volontariat an der Berlinischen Galerie. Jüngste Veröffentlichung „Monica Bonvicini: 3612,54 m^3 vs. 0,05 m^3" in: *Museumsjournal*, 04/2017. Lehrauftrag an der Humboldt-Universität zu Berlin.

Curatorial assistant to the director of the Berlinische Galerie since 2013. Studied modern German literature, art history, and communication sciences in Berlin and Naples. 2012 freelance work in the artistic office at the KW Institute for Contemporary Art, Berlin. 2012–13 trainee at the Berlinische Galerie. Most recent publication "Monica Bonvicini: 3612.54 m^3 vs. 0.05 m^3" in *Museumsjournal*, 04/2017. Lecturer at the Humboldt University of Berlin.

Thomas Köhler

Seit 2010 Direktor der Berlinischen Galerie. Zuvor wissenschaftlicher Mitarbeiter am Museum für Moderne Kunst in Frankfurt am Main, „curator in residence" am Whitney Museum of American Art in New York, Programmdirektor der „100 Tage – 100 Gäste" auf der documenta X in Kassel und Leiter Kommunikation sowie Interimsdirektor des Kunstmuseum Wolfsburg. 2008–2010 Leiter der Sammlungen und des Ausstellungsprogramms der Berlinischen Galerie und zugleich stellvertretender Direktor.

Director of the Berlinische Galerie since 2010. Previously research associate at the Museum für Moderne Kunst in Frankfurt am Main, curator in residence at the Whitney Museum of American Art in New York, program director of "100 Days – 100 Guests" at documenta X in Kassel, head of communication and interim director of the Kunstmuseum Wolfsburg. 2008–10 head of the collections and exhibition program of the Berlinische Galerie and concurrently the deputy director.

Siegfried Zielinski

Rektor der Staatlichen Hochschule für Gestaltung Karlsruhe, Michel-Foucault-Professor für Medienarchäologie & Techno-Kultur an der EGS in Saas-Fee. Bis 2016 Professor für Medientheorie und Leiter des Vilém-Flusser-Archivs an der UdK Berlin. Verfasser u. a. von *Veit Harlan* (1981), *Zur Geschichte des Videorecorders* (1985), *Audiovisionen* (1989), *Archäologie der Medien* (2002), *[... nach den Medien]* (2011). Herausgeber u. a. der 5-bändigen Reihe *Variantology* (2005–11), von *Flusseriana* (2015) und *Allah's Automata* (2015), beide mit Peter Weibel.

Rector of the Karlsruhe University of Arts and Design, Michel Foucault professor of media-archaeology and technoculture at the EGS in Saas-Fee. Professor of media theory and director of the Vilém Flusser Archive at the UdK Berlin until 2016. Author of, among others, *Veit Harlan* (1981), *History and Cultural Technique of the Video Recorder* (1985), *Audiovisions* (1989), *Deep Time of the Media: Toward an Archaeology of Hearing and Seeing by Technical Means* (2006), *[...After the Media]* (2011), editor of, among others, the five volume series *Variantology* (2005–11), *Flusseriana* (2015) and *Allah's Automata* (2015), both with Peter Weibel.

diese publikation erscheint anlässlich der ausstellung /
this catalog has been published in conjunction with the exhibition

carsten nicolai. *tele*
23.03–03.09.2018

ausstellung / exhibition

konzept / concept	carsten nicolai
kurator / curator	dr. thomas köhler
kuratorische assistenz & projektmanagement / curatorial assistance & project management	anne bitterwolf
studio management carsten nicolai	thomas mayer
aufbau / installation	rob feigel, nibo, michael sollinger
technische leitung / head of installation berlinische galerie	wolfgang heigl

mitarbeiter*innen/staff berlinische galerie

direktor / director	dr. thomas köhler
verwaltungsdirektorin / director of administration	birgitta müller-brandeck
kuratorische referentin des direktors / curatorial assistant to the director	anne bitterwolf
sekretariat der direktion / management office	wiebke heß
assistenz der verwaltungs-direktion / assistant to the director of administration	daniela siegel

sammlungen / collections

sammlung bildende kunst / fine art	dr. stefanie heckmann (leitung / head of department), guido faßbender, anna maria heckmann, annemarie seyda, christian tagger
fotografische sammlung / photography	ulrich domröse (leitung / head of department), kerstin diether, tanja keppler
grafische sammlung / graphic art	dr. annelie lütgens (leitung / head of department), katharina hoffmann
architektursammlung / architecture	ursula müller (leitung / head of department), frank schütz, ulrike kohl
künstler-archive / artists' archives	dr. ralf burmeister (leitung / head of department), philip gorki, christiane necker, dr. wolfgang schöddert
bibliothek / library	jan-tillmann rierl (leitung / head of department), marion molnos, christina strauch, annika benndorf (fsj kultur)
restaurierung / conservation	andreas piel (leitung / head of department), maria bortfeldt, sabina fernandez, corinna nisse
wissenschaftliche volontär*innen / trainee curators	anna bauer, nuno de brito rocha, kati renner, juschka marie von rüden, cornelia siebert

kommunikation & bildung / communication & education	ulrike andres (leitung / head of department), christine van haaren (leitung bildung / head of department education und / and outreach), michaela englert, katrin kaptain, marie claire krahulec, ulrike schuhose, andreas krüger (trainee), paula rosenboom (trainee), maya buhlmann (fsj kultur)
förderverein / friends of the museum	sophie bertone, stephanie krumbholz, katharina faller

zentrale dienste / administration

organisation & it	christiane friedrich (leitung / head of department), martin von piechowski, jan salzberger
finanzen & controlling / finance & controlling	susanne teuber (leitung / head of department), laila ayyache, kerstin böhme, dagmar petzold
personalservice / human resources	christian monschke (leitung / head of department), cornelia remky
besucher*innenbetreuung / visitors' service	carola semm (leitung / head of department), gerald friedrich (stellvertretende leitung / deputy head of department)
museumsshop / museum shop	friederike von born-fallois, carsten fedderke, dr. eva-maria kaufmann, reinhard kuh, merwe reckenfelderbäumer, dirk schäfer
besucher*innenbetreuung / visitors' service	helmut andersen, christiane boese, brigitte heilmann, nihal isigan, gerhard jende, daniela lamprecht, matthias linde, katarina roters, olaf schümann, nasrin sheikh zadeh, reza soltani, denisa palikova (praktikantin / intern)
technik / technical department	roland pohl (leitung / head of department), wolfgang fleischer, robert frank, ralf geelhaar, wolfgang heigl, andreas kamprath, frank rohrbeck, tijana mirjacic (fsj kultur)

katalog / catalog

herausgeber / editor	berlinische galerie, landesmuseum für moderne kunst, fotografie und architektur
autor*innen / authors	anne bitterwolf, dr. thomas köhler, prof. dr. siegfried zielinski
konzept / concept	carsten nicolai
gestaltung / design	nuno da luz, carsten nicolai
redaktion / editing	anne bitterwolf, thomas mayer
projektmanagement / project management	DISTANZ verlag
lektorat deutsch / german copy editing	DISTANZ verlag
lektorat englisch / english copy editing	DISTANZ verlag
übersetzung / translation	alicia reuter
fotografien / photography	julija stankevičienė, carsten nicolai
bild-retusche / digital post-production	julija stankevičienė
gesamtherstellung und vertrieb / printing and binding	optimal media gmbh, röbel/müritz
vertrieb / distribution	edel germany gmbh www.edel.com distanz@edel.com

ausstellung und katalog mit freundlicher unterstützung von / exhibition and catalog with the kind support of hauptstadtkulturfonds berlin

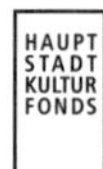

carsten nicolai möchte sich persönlich bei all denjenigen bedanken, die an der produktion von *tele* beteiligt waren. ein besonderer dank gilt hierbei rob feigel, nibo und michael sollinger von laseranimation sollinger gmbh, die mit ihrem kontinuierlichen und kompetenten einsatz beigetragen haben, *tele* zu entwickeln. ein großes dankeschön auch an die autor*innen siegfried zielinski, anne bitterwolf und thomas köhler sowie an den distanz verlag für die unterstützung des katalogs. abschließend möchte sich carsten nicolai ganz herzlich bei allen unterstützer*innen, kurator*innen, mitarbeiter*innen der berlinischen galerie – landesmuseum für moderne kunst, fotografie und architektur bedanken sowie bei der galerie eigen + art leipzig/berlin für die langjährige zusammenarbeit und unterstützung.

carsten nicolai would personally like to thank everyone who was part of the realization of *tele*. special thanks to rob feigel, nibo and michael sollinger from laseranimation sollinger gmbh who helped develop *tele* with their continous and capable dedication. many thanks to the authors siegfried zielinski, anne bitterwolf and thomas köhler as well as distanz for the support in the making of the catalog. finally, carsten nicolai would sincerely like to thank all the supporters, curators and the staff of the berlinische galerie as well as the gallery eigen + art leipzig/berlin for their long-standing cooperation and support.

carsten nicolai wird vertreten von / is represented by
galerie eigen + art leipzig/berlin und / and pace gallery.

isbn

978-3-95476-225-5 (buchhandelsausgabe / trade edition)
978-3-940208-54-5 (museumsausgabe / museum edition)